新编图书情报
与信息管理教程

杨海江　刘春雨　卢仁翠◎主编

中国书籍出版社
China Book Press

图书在版编目（CIP）数据

新编图书情报与信息管理教程 / 杨海江，刘春雨，卢仁翠主编 . -- 北京：中国书籍出版社，2023.12
ISBN 978-7-5068-9643-6

Ⅰ.①新… Ⅱ.①杨… ②刘… ③卢… Ⅲ.①图书情报工作-教材②信息管理-教材 Ⅳ.①G250②G203

中国国家版本馆CIP数据核字（2023）第216443号

新编图书情报与信息管理教程

杨海江　刘春雨　卢仁翠　主编

图书策划	邹　浩	
责任编辑	尹　浩	
责任印制	孙马飞　马　芝	
封面设计	博健文化	
出版发行	中国书籍出版社	
地　　址	北京市丰台区三路居路97号（邮编：100073）	
电　　话	（010）52257143（总编室）　（010）52257140（发行部）	
电子邮箱	eo@chinabp.com.cn	
经　　销	全国新华书店	
印　　厂	北京四海锦诚印刷技术有限公司	
开　　本	710毫米×1000毫米　1/16	
印　　张	11.25	
字　　数	242千字	
版　　次	2024年4月第1版	
印　　次	2024年4月第1次印刷	
书　　号	ISBN 978-7-5068-9643-6	
定　　价	68.00元	

版权所有　翻印必究

前　言

社会的不断发展和科技的不断进步已经导致了信息和知识的爆炸性增长。在这个信息时代，我们面对着前所未有的信息数量和多样性，因此，如何有效地获取、组织和利用这一宝贵资源成为一个至关重要的挑战。图书情报与信息管理是一个多学科交叉的领域，它汲取了信息科学、图书情报学、文献学等多个学科的理论和方法。其主要使命是帮助人们更好地处理这个信息爆炸的时代带来的复杂性和挑战。这包括了建立有效的信息获取策略，使用先进的信息组织工具和技术，以及评估信息的质量和可信度。

《新编图书情报与信息管理教程》是一本内容全面而深入的学术著作，它旨在为图书情报与信息管理领域的学生和从业人员提供宝贵的参考资料。本书对图书情报与信息管理相关知识进行全面系统的梳理，以图书情报工作概述、图书情报学科的发展为切入，随后探讨图书情报与读者服务、信息采集与信息组织、信息检索原理与技术、信息分析与成果评价的相关知识，最后探究现代图书情报技术应用。

本书作者在写作中力求做到内容新颖，实践性强，不仅可以作为高等院校图书情报专业研究生的参考书，也可以作为信息资源管理、图书情报与档案管理、企业管理及工商管理等专业本科生、研究生的参考书。同时，还可供信息分析、信息资源管理、图书情报等实际工作部门相关从业人员参考。

本书在编写过程中，获得了许多专家和学者的宝贵帮助与指导，在此表示衷心的感谢。由于编者能力有限，加之时间紧迫，书中可能存在一些遗漏之处，希望读者能够提供宝贵的意见和建议，以便进行进一步的修订，使其更加完善。

目 录

第一章　图书情报工作概述 1

第一节　图书情报相关术语 1
第二节　图书情报工作定位及功能 4
第三节　图书情报工作的主要内容 8
第四节　图书情报工作的职业道德 16

第二章　图书情报学科的发展 19

第一节　图书情报学的发展历程 19
第二节　图书情报学的研究背景及意义 24
第三节　图书情报管理学的研究对象及内容 29
第四节　图书情报管理学的体系结构 34

第三章　图书情报与读者服务 39

第一节　图书阅览与流通服务 39
第二节　期刊管理与流通服务 43
第三节　参考咨询服务 52
第四节　信息共享服务 59

第四章　信息采集与信息组织 67

第一节　信息采集 67
第二节　信息组织 72

第五章　信息检索原理与技术··· 83

第一节　信息检索概述··· 83
第二节　信息检索步骤··· 85
第三节　信息检索技术··· 91

第六章　信息分析与成果评价··· 98

第一节　信息分析概述··· 98
第二节　信息分析的程序··· 103
第三节　信息分析的基本方法··· 125
第四节　信息分析成果评价··· 133

第七章　现代图书情报技术应用··· 137

第一节　信息资源组织技术··· 137
第二节　信息资源存储技术··· 144
第三节　网络技术··· 150
第四节　个性化信息服务技术··· 164

参考文献··· 172

第一章 图书情报工作概述

引言

进入信息时代的21世纪,图书馆工作和情报工作无论从内容上,还是工作方式上都发生了很大的变化。这种变化不仅表现在传递信息的手段上,更表现在管理创新能力方面,而且它们已成为一个不可分割的有机整体了。

学习目标

1. 了解图书情报相关术语。
2. 理解图书情报工作的社会功能。
3. 掌握图书情报工作的不同层面。
4. 熟悉图书情报工作职业道德的建设途径。

第一节 图书情报相关术语

在叙述图书情报工作之前,先介绍与其相关的术语——文献、信息、情报、图书、资料、档案。

一、文献

文献的定义多种多样。根据中国国家标准《文献著录总则》(GB 3792.1—83),文献是记录有知识的一切载体。比较权威的是《文献情报术语国际标准(草案)》(ISO/DIS5127)的定义:"为了把人类知识传播开来和继承下去,人们用文字、图形、符号、声频、视频等手段将其记录下来,或写在纸上,或晒在蓝图上,或摄制在感光片上,或录到唱片上,或存贮在磁盘上。这种附着在各种载体上的记录统称为文献。"

从上述有关文献的定义可以看出,文献具有三个基本要素:一是文献含有知识信息;二是负载知识信息的物质载体;三是记录知识信息的符号和技术。文献记录知识信息,而这些知识信息又依附于载体而存在。

图书情报工作是将"文献"作为涵盖范围广泛的信息载体来使用,通常泛指记录有知识信息的一切载体,包括各类图书文献、器物文献、历史资料文献和绘画、工艺、美术文献以及考古文献等,即文献不仅包括书刊等印刷型出版物,而且包括古代的甲骨文、竹简、帛书等,以及当今的音像出版物、电子出版物和 Internet 网上的信息。

二、信息

长时间以来,科学界一直在对信息的定义进行积极的探讨。信息的定义在不同的领域人们赋予它不同的定义。关于信息的定义多达数十种,它们都从不同的角度反映了信息的某些特征。到目前为止,尚无一种定义被社会各界一致接受。《辞海》(1999 年版)对信息的解释是:①音讯、消息。②通信系统传输和处理的对象,泛指消息和信号的具体内容和意义。南唐诗人李中的《暮春怀故人》诗"梦断美人沉信息,目穿长路倚楼台",句中的"信息"就是第一种意义上的信息,"沉信息"是指杳无音信之意。还有些观点认为:信息是消息、情报、信号、数据和知识;信息是通过文字、数据和各种信号来传递、处理和表现客观事物特性的知识流。对信息具有广泛影响的定义为:信息是指应用文字、数据或信号等形式通过一定的传递和处理,来表现各种相互联系的客观事物在运动中所具有的特征性内容的总称。因此,信息的原材料是对客观事物本身运动的记录,即数据。

总之,信息是对客观世界中各种事物的变化和特征的反映;是客观事物之间相互作用和联系的表征;是客观事物经过感知或认识后的再现。信息普遍存在于整个宇宙之中,信息无处不在、无时不有,是人们认识世界、改造世界、取之不尽、用之不竭的宝贵资源。信息的增长速度和利用程度已成为现代社会文明和科技进步的重要标志之一。

三、情报

1992 年,原国家科委决定将"情报"改称"信息",再加上我国图书情报界长期以来一直把英文的 Information 和 Information Science 称为"情报"和"情报学",以至于出现今天"信息"和"情报"的混用局面。就"情报"的本来意义上讲,它是竞争的产物,具有政治、军事上的内涵。但自 20 世纪 60 年代以来,随着战争的减少,社会经济活动成为人类活动的主体,"情报"的概念也相应地发生了变化,即从原来的军事领域逐渐向整个社会经济活动领域延伸,内容日益丰富。进入 20 世纪 90 年代以来,情报的概念在内涵和外延上都有了新变化,信息取代了原来将情报概念"泛化"的倾向,使"情报"的内容更加专业化和特殊化,增强了针对性。例如,我们常用"情报"表示机密性强的特殊信息(如商业情报、经济情报、军事情报,与英文中的"Intelligence"对应),或某些学科的习惯性术语(如情报学、图书馆学、档案学等多用"情报"一词,而计算机科学、管理科学等则常用"信息"一语)。可见,情报是一种经过人们特殊选择或进行一定研究和加工后的社会信息,它是人们为了达到一定的目的所进行的智力、智慧和知识创造活动。情报蕴含于信息之中,或者说它本身就是一种具体的信息存在。因此,有的学者认为,克服"情报泛化"倾向,将一般的科技情报机构或教学研究单位改称为科技信息机构或信息教研单位的"改名"做法是适当的,但这并不妨碍在具体的研究和服务工作中使用情报一词的习惯。

四、图书

图书的内涵和外延是随着人类社会的进步、科学技术的发展而不断变化的。今天人们讲的"图书",有广义和狭义之分。对于"图书馆"和"图书情报工作"等概念来说,"图书"是广义的,泛指各种类型的读物,既包括甲骨文、金石拓片、手抄卷轴,又包括当代出版的书刊、报纸,甚至包括声像资料、缩微胶片(卷)及机读目录等新技术产品。而在图书馆和情报所的实际工作中,人们又要把图书同期刊、报纸、科技报告、技术标准、视听资料、缩微制品等既相提并论,又有所区别。这时,图书所包括的范围就大大缩小了,这是狭义的"图书"。因此,由于各方面的理解和需要不同,图书的定义也界说不一。例如,联合国教科文组织从狭义上将图书定义概括为:凡由出版社或出版商出版的49页以上的印刷品,具有特定的书名和著者名,编有国际标准书号(ISBN),有定价并取得版权保护的出版物,称为图书(5页以上、48页以下的称为小册子)。我国有关方面则从广义上把图书的定义概括为:以传播思想和知识为目的,用文字、图画或其他符号记录于一定形式的材料之上的著作物,均称为图书,包括公开或内部出版发行的书籍、报刊、图册、图片等印刷品和以光碟、磁盘等形式出版发行的电子书籍等。

五、资料

资料一般是指研究问题、做出决策的客观依据,即按照一定的用途和为了一定的目的或解决某一问题而有选择地积累、分类、归纳和整理的各种文字材料,包括内部的电话记录、往来函电、会议记录、秘密文件等,公开出版发行的书籍、地图、报刊上发表的文章、图片、消息、数据、调查报告、声像材料,以及非出版物的实物材料等。它可以和很多词语搭配,使意思表达得更完整、准确,如情报资料、信息资料、文献资料、背景资料、谈话资料、研究资料等。资料实际上是信息和情报的同义语,在很多情况下可以互相通用。资料的特点是具有客观性和历史性,收集和积累资料必须注重甄别其是否符合客观事实,是否能为研究课题和工作任务提供及时有效的服务。因此,资料工作是图书情报工作的重要组成部分。

六、档案

档案是指国家机构、社会组织和个人在社会活动中形成的、保存备查的文字、图像、声音

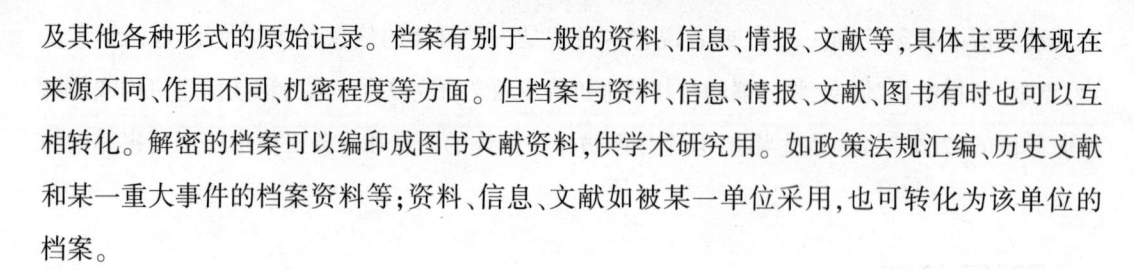

及其他各种形式的原始记录。档案有别于一般的资料、信息、情报、文献等,具体主要体现在来源不同、作用不同、机密程度等方面。但档案与资料、信息、情报、文献、图书有时也可以互相转化。解密的档案可以编印成图书文献资料,供学术研究用。如政策法规汇编、历史文献和某一重大事件的档案资料等;资料、信息、文献如被某一单位采用,也可转化为该单位的档案。

第二节 图书情报工作定位及功能

一、"图书情报工作"的提出与性质

从概念上讲,"图书馆工作"和"情报工作"的内涵和外延是有一些不同,但是,就其工作性质、服务对象与目的,以及今后发展的总趋向,它们的共性远远大于个性和特性。因此,自从1978年中国科学院图书情报工作会议以来,我国就把图书馆工作和情报工作组合为一个专门术语——"图书情报工作"来使用。

从传统的观念来看,这似乎有点儿不大"确切",故图书情报一体化运动在我国图书情报界还存在不一致的声音。其实,只要考察一下图书馆工作和情报工作的发展历史和联合国教科文组织关于"科学活动"的定义与"科技情报和文献"的解释,或系统地考察一下欧美各国、日本和我国图书馆与情报机构工作的内容与现状,就会发现两者之间并无严格的界限。21世纪的图书馆工作越来越具有更多情报工作职能与特点,情报工作一刻也不能离开图书馆(含数字图书馆、因特网)丰富的信息资源,两者互为补充,相得益彰,共同构成一个有机整体。

另外,近年来我国图书情报界的理论研究也为图书情报一体化实践构筑了统一的理论基础。其中的图书情报一体化的理论三原则——信息资源是基础、知识传播是关键、信息服务是目的,与中国科技情报工作的"广、快、精、准"四字原则和省力方便原则相结合,共同构成了现代图书情报工作的重要准则。

图书情报工作的性质,一般取决图书馆所隶属于和服务于那些机构的基本性质和任务。比如,高等院校的任务是培养高级专门人才,并开展科学研究,因此,高等院校图书馆的任务应是通过提供各种文献资料与信息为教学和科学研究服务;科学技术研究机构的基本任务是进行科学研究,因此,它的图书馆的中心任务亦应是通过提供各种文献和信息为科学研究服务;其他,如各省、市综合性图书馆和各大型厂、矿、企业的图书情报室的中心任务虽然略有差异与侧重,但大体说来,也都肩负着为科研、为生产提供文献信息的任务。因此,图书馆

是一种服务性的学术机构；图书情报工作则是一种以"传播、推广知识"为宗旨的专门性学术活动，处在人类科研整体事业中的桥梁和纽带位置；图书情报工作者是整个教学和科学技术人员的一部分。

图书情报工作的服务性是图书馆这一学术机构不同于其他学术研究机构的重要标志。图书馆正是通过为读者(用户)服务，具体地来完成它的收集、加工、保藏、传播和推广人类知识这一崇高社会功能的。当然，在激烈竞争的周边环境中，各图书馆和广大图书情报工作者，除应认真保护读者(用户)充分利用文献资料和信息的权利外，还需积极创造各种条件，最大限度满足他们的实际需要。

二、图书情报工作的定位问题

图书情报工作的定位问题是每一个图书情报工作者都一向关心的最重要的理论与实际问题之一。正确认识图书情报工作在整个社会或整个科学技术活动中的定位，从而制定与之相适应的有关政策，充分调动广大图书情报工作者的积极性，对于促进政治、经济、科学技术和文化教育事业的发展，具有十分重要的意义。

知识创新首先发生在知识的生产过程中，但知识的传播和应用过程中同样存在知识创新，因为科学研究也可以研究新的知识传播方式和应用手段等。因此，图书馆理所当然地被纳入知识传播部门，成为国家知识创新体系的基本组成部分，在知识创新体系中发挥着其他机构不可替代的作用。

从某种角度来说，知识创新的本身就是情报服务的过程。因为图书情报工作人员为科技人员提供一次、二次文献服务和课题服务，为科技人员做了大量的前期工作，成为启动知识和技术创新过程的重要因素之一。图书情报工作能促进知识的传播和转化，加速知识扩散。科学技术成果作为信息资源的主要组成部分，首先要进入图书情报机构，经过处理和加工后，再进入社会生产领域，成为社会经济发展的推动力。

可见，图书情报工作是科学技术活动的一部分，图书情报人员是科学技术人员的一部分；图书情报工作在整个社会结构和教科文事业发展中居于十分重要的地位。

三、图书情报工作的社会功能

在世界多极化及我国现代化进程加快的大环境下，图书情报工作的社会功能越来越明显，具体体现在以下几方面：

(一)帮助人们广泛继承人类已有知识

人类的知识创造是一个前后衔接、连续不断的过程，但这种创造离不开继承，继承是创造的基础,创造是继承的发展。图书情报工作的宗旨是进行文献的搜集、整理和开发利用。研究人员要利用这些专业文献,充分吸取其学术价值。

研究人员面对的矛盾是个人的知识有限,要想研究取得成果,必须向前辈学习,掌握前人的研究成果和智慧,在前人科研成果的基础上向前推进、创造新知识。图书情报工作对知识的组织功能,适应了科学发展的需要,将前人与今人、学者个人与知识海洋、本学科与相关学科的关系联结起来。如果说各种文献信息是知识的海洋,那么图书情报工作就是达到"知识彼岸"和"通向未来"的渡口与桥梁。

(二)有利于创新人才的培养

创新人才是具有创新意识、创造性思维和创新能力的人才。当今的人才培养,对信息资源利用能力的重视显得尤为重要,它直接影响着创新人才的培养效果及培养目标的实现。人才的自主学习、自主发现、自我探索与研究都离不开图书情报工作。通过全方位、多角度的人才教育和培训,图书情报工作可以使受教育者具备良好的信息素质。具备了良好信息素质的人,在离开校园之后,仍然能自主学习,不断吸纳新的知识,完善自己的知识结构,主动开展知识创新;具备良好信息素质的人,就能打破学科界限,把握不同学科之间的联系,按照自己的研究方向,进行相关文献的获取、研究和利用,从而进行更高层次的知识创新。

(三)加快科学研究、技术开发的进程

目前,由于文献信息数量激增,分布分散,对其有效利用变得更为困难。因此,无论是科技知识创新还是技术知识创新,都需要图书情报工作的有力支撑。一个科研人员,要从巨大的知识(信息)海洋里发现并提取出自己真正需要的东西(信息),即使穷其毕生精力也无法读完他要看的全部文献,不可能尽快找到新的进展、吸取其新思想、新理念,更谈不上创新,显然,这只有而且必须求助于图书情报工作提供的优质服务。面对信息越来越多的情况,"图书情报工作者"就是新兴的"知识管理者",他们能通过信息加工把原来浩如烟海的信息压缩到原来的几分之一,且保留原来信息的大部分内容,同时,他们能够在适当的时间、以适当的方式把适当的信息送给当事读者。例如,近年来受到与信息学相结合的蛋白组学研究的启发和生物学新技术的挑战,图书情报工作者从浩如烟海的科学文献资料中通过大量的统计分析和数字模拟进行甄别,提炼了有价值的信息给予科研鼎力支持,彻底改变了我国医药学研究的模式,代之以"从基因—靶标—药物"研究的崭新模式。

有效的图书情报服务,不仅可以帮助科研人员选准课题,避免重复劳动,还可以节省人力、时间和经费,提高科研质量和工作效率,加快科学研究、技术开发的进程。

(四)承担教育职能

图书馆是一种公众性的科学文化服务机构,承担着一定的教育职能,即每天承担着宣传、传播文化科技知识的任务。由于学校教育限制颇多、当代教育对象广泛及社会高速发展,要求人们适时更新补充自己的知识,这就使图书情报工作具有教育职能的特征。图书情报工作教育智能的实现除通过板报、宣传栏、广告栏、宣传橱窗等方式外,还可从以下几方面着手:

1. 终身教育

21世纪的人类社会是知识的社会,知识正日益成为社会关键性的资源。知识将全面、直接地干预人类生活,与社会个体的生存直接相关。因此,在这种情况下人们对知识的需求与日俱增,而文献资源和信息在此时便显示出了极大的优势。图书情报工作能够为读者提供全方位的服务,即能满足不同层次人们的不同学习需求。

2. 远程教育

图书馆发挥其教育职能的传统方式是接受用户到馆查找文献资料,获取自己所需知识。这在一定程度上就将接受教育的对象局限在到馆的现实用户群中,而无法将图书馆所发挥的教育作用惠及更多的人。网络的出现恰恰弥补了这一缺陷。图书情报工作者可以利用网络为那些局限于地理、经济、时间等条件的潜在用户群提供远程教育,使其在任何时间、任何地点都可以借助网络得到自己所需要的信息资源,获取知识,与此同时也使得图书情报工作的教育职能在网络技术的协助下得到更大的发挥。

3. 信息素养的培养

现在的图书馆是用户在网络环境下更可信赖的信息中心。它具有其他商业信息机构无可比拟的资源优势,将更多的重心放在用户信息素养的提高而非自身利益的获取上,以提供高质量的信息服务。因此,无论是在现在还是未来,培养用户信息素养都将是图书情报工作的主要内容之一。

(五)帮助领导决策

各级领导部门通常希望根据某一时期本地区或本部门的经济发展、工程建设、科学研究规划和生产中需要解决的问题,获取有关信息来达到决策目的。图书情报工作可为各级领导主动从各种文献信息源中搜集有关信息,成为领导决策的"耳目"。这种服务功能主要体现在提供专题资料、背景材料、预测报告,编辑理论动态、要文摘报、领导参阅、决策参考等内部信息刊物。这样,很多理论观点和研究成果通过这个信息渠道进入党政领导机关的宏观决策层。

图书情报工作为领导决策服务,归纳起来有如下方面:①为国家、地方、企业单位的发展战略提供调研资料和设计方案。②为各级政府拟定政策和措施提供参考意见,为领导决策服务。③为科研发展规划和组织实施提供科研发展水平和预测的综述以及实施方案。④对资源综合开发利用、环境保护和建设等项目提供方案和可行性论证。

第三节 图书情报工作的主要内容

图书情报工作内容的演进有其内在的逻辑,并在一定程度上改变着图书情报工作的性质和运作理念。图书情报工作曾经历过三个转移:工作重心从书本位向人本位转移;业务重心从第二线向第一线转移;服务中心从一般服务向咨询服务转移。21世纪的图书情报工作的对象、方式、内容等已越来越广泛和深入,即从单纯的事务性服务、信息研究转变为资源的管理;从书刊的管理转变为网络信息导航、学科知识咨询、用户信息素质教育、知识资源的开发等。

一、图书情报工作的不同层面

当今数字化时代,图书情报工作大体包括以下五个方面,并呈现出层次递进的特征:

(一)文献实体服务

文献实体服务是图书馆工作最原始的内容,整体表现为对社会的封闭性。在过去几千年中,图书馆工作发展缓慢,图书著录、书刊校雠、文献典藏一直没有发生根本性的变化,同时,手工处理、分散存贮、闭架方式等都限制了图书馆服务工作的开展。这是由社会文献的原始性、稀缺性和图书馆保存文化遗产的功能所决定的。

现在的图书情报工作仍然保持了早期图书馆的这种服务方式,它是当今图书情报工作内容的最基本的部分,包括一次文献的借阅,如外借、阅览等。

(二)书目信息工作

在我国,由于纸质载体和印刷技术的发明,古代文献卷帙浩繁,书目信息工作由来已久。在西方,书目信息工作大体上与近代图书馆的发展同步。西方近代图书馆起源于文艺复兴和宗教改革运动时期,欧洲进入资本主义社会后,大机器生产需要有文化的工人,教育开始普及到平民,文献生产能力大大提高,从而使一些全国性的图书馆开始向社会开放。17世纪,德国图书馆学家G.诺德提出图书馆不应只为特权阶层服务,应该向"一切愿意来图书馆学习的人开放"。到19世纪中期,以英、法等国为代表的工业革命基本完成,科技革命迅速发展,以英国的《哲学汇刊》(Philosophical Transactions,1665)、德国的《药学总览》(Pharmaceutisches Central-Blatt,1830)、美国的《工程索引》(The Engineering Index,简称EI,1884)等为代表的科技期刊和文摘索引纷纷出现,西方的目录学也正是在这样的经济、科技的基础上获得了快速的发展。以1895年世界性的目录学组织"国际目录学会"[IIB,即现在的"国际信息与文献联合会"(FID)的前身]的成立为标志,世界目录学实现了从传统目录学向现代目录学的转变。

一直到今天,各种书目信息工作、服务和管理在图书馆中仍然非常活跃,分类目录、卡片目录、各种二次文献信息产品的开发、新到书刊目录报道、推荐书目服务以及相关的书目控制、书目信息系统建设等已成为图书情报工作的中心任务。

(三)参考咨询服务

参考咨询是指图书情报工作者对用户利用文献和寻求知识、信息方面提供帮助的活动,它是以协助检索、解答咨询和专题文献报道等方式向读者提供事实、数据和文献线索。参考咨询更加强调图书馆的情报职能,更为注重用户的信息需求,它将书目信息服务提升为不仅为用户提供书目工具,而且还要解决用户的实际问题。

正规的参考咨询服务是19世纪下半叶最早在美国公共图书馆和大专院校图书馆开展起来的。20世纪初,许多大型图书馆成立了参考咨询部门。现在,参考咨询服务已成为图书情报工作中的一项重要内容。

随着文献信息的激增和用户需求的增长,早期的指导利用图书馆、利用书目解答问题等服务内容已发展到现在的从多种文献信息源中查找、分析、评价和重新组织情报资料,开展回答事实性咨询,编制书目、文摘,进行专题文献检索,提供文献代译和综述,进行图书馆用户教育与培训等服务项目。

(四)信息检索服务

20世纪40年代中后期,西方工业国家的科技发展使信息处理问题凸显出来,尤其是以德国、英国、美国等为主的一些国家积累了大量的需要处理和利用的科技文献资料和科研成果;计算机问世并被应用于文献加工领域;新学术思想活跃以及新的学科的不断诞生。与此同时,一些图书馆开始利用计算机和现代通信技术建成各种文献数据库、数值数据库和事实数据库,并逐步实现了联机检索,使参考咨询服务中的部分工作自动化;另一方面,参考咨询服务的流程,即接受咨询、进行查询、提供答案、建立咨询档案等,也为信息检索服务的方法和策略提供了一种框架。这些都促使信息检索服务方式呼之欲出。

20世纪中叶之后，图书情报工作中的许多内容，诸如信息收集、信息组织、检索语言的编制、用户需求的调研等都开始以信息检索服务为中心开展起来。随着检索的智能化和数据挖掘、知识发现的发展，以及各类信息咨询和信息调查机构的兴起，目前，全文本、多媒体、多原理和自动化等新型检索方式已取得长足的进步，信息检索服务成了图书馆网络化知识服务的基础和手段。

（五）网络化知识服务

网络化知识服务是与信息资源的网络化和知识经济、技术创新的社会背景息息相关的，也是信息检索服务发展的必然结果。从20世纪90年代之后，随着网络技术的发展和普及，图书馆的数字化、信息资源的网络化、信息系统的虚拟化，以及各种非公益性的信息机构将包括文献信息检索、传递在内的信息服务直接提供给最终用户，导致信息交流体系和信息服务市场的重组，图书馆对信息服务的垄断地位也不复存在。这些都促使它们迅速调整和充实了服务的内容和策略，重新定位其核心竞争力，使以信息检索为核心的服务方式向网络化知识服务方式转变，从而保证其在数字化、网络化环境中的社会贡献、用户来源和市场地位。

网络化知识服务是图书情报工作的高级阶段，是一种基于网络平台和各类信息资源（馆藏物理资源和网络虚拟资源）、以用户需求目标驱动的、面向知识内容的、融入用户决策过程中并帮助用户找到或形成问题解决方案的增值服务。网络化知识服务具有个性化、专业化、决策性、整合性和全球化等特征，基本上属于单向或多向主动型服务。其具体服务类型和方式主要有：

1. 个性化定题服务

网络化知识服务首先是一种个性化的服务，它是针对某一具体问题，按照不同客户的主题需要进行的个性化应用服务。个性化定题服务就是在全面客观地分析用户的信息需求后，通过信息挖掘、知识发现、智能代理等技术，对各种信息资源进行过滤，得到用户所需要的、个性化的信息资源精品，并利用电子邮件、频道推送或建立用户个人网页等方式传送给用户。这种方式强调按用户需要量身定制、跟踪服务，服务过程则根据具体用户的喜好和特点来展开，具体包括定期向用户提供新到文献通报、定题选报、定题资料摘编、定题检索等多种服务方式和方法。

2. 学科知识支撑

这种方式是将精心选择和管理的学科知识库或知识单元、学科资源导航、专业化的检索工具（如专门的专业搜索引擎）、学科论坛、专业研究和会议动态、专题文献报道等集成在一个界面。这样,一方面通过提供前台服务及时与学科专家进行沟通,另一方面能够集中力量开展重点学科的信息资源建设。同时,独立的组织建制和学科馆员制度还能够使图书馆建立起与特定服务对象的长期服务关系,从而提供更为具体的连续性服务。目前,我国许多高校图书馆都建立了重点学科数据库和知识导航系统。

3.课题研究顾问

这是一种根据用户科学研究的课题(项目)需要,依靠临时团队提供知识服务的图书情报工作方式,即针对特定任务组织专门的研究团队和相关资源开展服务工作。随着社会用户尤其是科研用户对知识资源、知识创新、专项科学研究等需求的提升,当今的许多图书馆借鉴了商业咨询公司的服务方法,根据用户课题研究的需要,建立了人员更加专业、分工更加有效的顾问式小组或团队,甚至从馆外聘请相关的专家教授,为课题委托方提供全面的查新服务、社会调研服务、知识发现和增值服务等。

这种工作方式关注和强调的是利用专家知识和馆藏资源(包括网络资源),通过深度加工形成创新型知识服务产品,如课题研究文献综述或研究报告,为用户解决他们自己不易解决的问题,最终达到制定决策方案、完成研究课题、实现知识创新的目的。

4.数字参考咨询

开展数字参考咨询服务,为科学研究和管理决策提供知识辅助是现代图书情报工作不可或缺的重要内容。随着网络咨询业的兴起与发展,国内外已有许多图书馆,如美国国会图书馆、中国国家图书馆、北京大学图书馆、上海交通大学图书馆等,纷纷开展了诸如"电子邮件咨询""电话咨询""在线实时问答咨询"等工作。其中,由联机计算机图书馆中心(Online Computer Library Center,Inc.,简称"OCLC")和美国国会图书馆联合开发的 Question Point 是目前最具代表性的合作虚拟数字参考咨询服务系统,国内的北京大学图书馆和北京工业大学图书馆等也成为该系统的成员。

5.虚拟知识平台

图书馆的数字化和网络化,将会产生网络就是图书馆的现实,置身于网络之中的用户,就如同置身于巨大无比的图书馆中,众多网上数字图书馆的数字馆藏构成一个无处不在的逻辑知识库,用户接触到的是用户界面及知识本身,而不关心收藏信息或知识的物理场所。因此,图书馆的物理形态已经虚拟化,形成所谓的虚拟图书馆。

目前,图书馆的虚拟知识平台,一般采用网上超市的运作方式和服务策略,将知识资源的采购、加工、管理、服务等有机地统一起来,接受网络用户的监督和评价,从用户需求出发,实现图书馆服务的公正、公开和公平的"一站式"系统服务。我国的科学院系统图书馆、许多高校图书馆都在努力营造虚拟的知识大平台,为用户提供包括中国知网、万方数据等商业文献数据库在内的各种知识资源,并接受用户的监督和评价。

二、图书情报工作的四大要素

图书情报工作的四大要素为:信息、用户、人员、设施,它们都与现代信息技术息息相关。

(一)信息

现代图书情报结构的文献资料建设已逐步转化为信息资源建设。信息载体和信息传播越来越多样化,元数据、非结构化数据、超文本、多媒体电子文档等各类数字化信息大量涌现,在数值型、字符型信息之外,还大量出现图形、图像、声音、动画等多种形式的信息。丰富多样的文献类型与简单的文字信息有着很大的区别,所以迫切需求图书情报工作人员扩大视野,重视各类信息的收集和整理。

在网络环境下的信息资源建设不仅强调文献信息的收藏和整理,还强调信息的开发和利用,信息资源只有经过系统建设,优化资源结构和配置,才能提高对图书情报工作的保障能力。尤其在网络技术的开发和利用上,图书情报工作者必须紧跟信息时代的步伐,适应新技术给图书情报工作带来的诸多支持。

(二)用户

图书情报工作依存于图书馆用户。图书馆用户可分为现实用户与潜在用户。现实用户是指已经实现了需求的用户,或需求已经得到满足的用户,且还在继续接受图书馆的相关服务。这类用户既有需求,又有在图书馆中实现需求的能力。潜在用户是针对现实用户而言的,是可能成为现实用户的个人或团体。这类用户有需求或有使用图书馆的欲望,但尚未与图书馆发生联系。实际上,潜在用户与现实用户之间的界限是比较模糊的,而且两者本身也处于动态的转化之中。

我们讲图书馆用户,一般指现实用户。按照用户需求特征,现实用户可分为研究型用户、学习型用户和休闲型用户。这三种用户对图书馆的文献需求是不一样的。为了做好各项图书情报工作,图书馆员就必须分析各类型用户的文献需求特征。

1.研究型用户

研究型用户对文献的质量有一定的鉴别能力,利用图书馆文献以参考为主,常常为了解决研究中的具体疑难;查阅特定主题的文献时,要求快、准、精、新,以便有针对性地吸取和利用相关的信息。他们在研究过程中,首先想到的是电子版文献;如果不能满足要求,才转而利用印刷型文献。此类图书馆用户希望图书馆能将网上资源、电子版资源和印刷型资源按专题整合。

2.学习型用户

此类用户以大、中、小学生和在职进修人员为主。他们主要采用阅读的方式,以期获得所需的系统知识,以弥补课堂教学的不足。他们往往需要在教师推荐和图书馆员的指导下,选择与课堂教学密切相关的文献,而以系统性的印刷型文献为主,电子版的专业文献为辅。

3.休闲型用户

此类用户的需求,从以往单一地利用印刷型文献转向了同时利用印刷型文献和电子版文献。他们在紧张地研究、工作和学习之余,的确需要轻松愉快地阅读娱乐性文献。他们要求广泛浏览文学艺术作品,随意翻阅各种富有知识性、趣味性的报刊,以及图、文、声、像并茂的电子版文献。电子版文献越来越受到休闲型图书馆用户的青睐。

(三)人员

在信息技术飞速发展的今天,要保证现代图书情报工作向纵深发展,图书情报工作人员必须具备适应知识经济时代要求的自主管理、专业服务、知识创新、团队协作等能力。

图书情报工作人员的基本素质应包括以下几方面:

1.职业道德

职业道德仅表现在热爱图书情报工作,热心为读者服务是不够的。随着计算机网络在图书馆应用日益广泛,"信息道德"将成为一个职业道德的重要组成部分。对于图书情报工作人员来说,对信息的搜集、加工、整理和传送,能否保证信息的安全,能否真正为全社会公平享用将成为一个道德问题。

2.图书馆学情报学专业知识

图书情报工作人员必须系统地掌握图书情报专业的新知识、新理论,吸收和消化先进国家和地区图书情报专业领域内的重要成就,关注这些领域的前沿发展,从而逐步形成一定优势,以加快图书馆内高水平、多学科综合性的专业队伍的发展,加速现代化图书馆员骨干队伍的形成和造就新型的专业人才和管理人才。

3.外语与中文繁体字能力

伴随着世界经济一体化的发展,境外交流与协作的日益频繁,各种外文文献和港澳台繁体字文献随之大量出现。图书馆要保证整体服务与质量有一个更快的提高,特别是要开展高速发展的信息社会新要求的深层次服务,图书情报工作人员必须具有识别、运用外语与中文繁体字能力。

4.开拓进取精神

作为21世纪的图书情报工作人员,不仅需要掌握渊博的知识,而且更要具有开拓性和创造性,在图书情报工作改革实践中大胆开拓和创新,从而为我国图书情报事业的发展开创一条新路。

5.表现力

图书情报工作人员通过口述、笔录或计算机上网,把有价值的信息简练、准确、明快地传递给用户,使用户正确领会、一目了然。表现力的另一种体现是活动能力,在市场经济的大舞台上,以前那种只会埋头苦干、书呆子式的图书情报工作人员将很难开展工作。由于社会发展节奏加快,致使知识更新周期大大缩短,所以,现代图书情报工作人员一定要跟上这个快节奏,改进服务层次,树立良好的服务形象。

6.判断力

判断力的形成除自身的丰富知识作基础外,还要培养洞察力、创造力和想象力。图书情报工作人员的综合能力就是判断力,在错综复杂的市场环境中,这种能力显得尤为重要。在信息时代,一些缺少价值的情报信息往往与有用的情报信息混在一起,造成对情报信息源的污染,这要求现代图书情报工作人员不仅能够从浩如烟海、瞬息万变的零散信息中及时提炼对读者有用的情报信息,而且要求能够对这些信息进行由此及彼、去伪存真的提炼加工。因此,图书情报工作人员要充分发挥自己的智慧,通过分析研究,做出科学可行的结论,及时提供给服务对象。

7.竞争力

现代图书情报工作人员,在信息服务中应时刻注意提高自身的竞争意识,加强对竞争情报的研究与分析,给学校和企业决策层提供所需的竞争情报。由于情报信息具有很强的时效性,所以,图书情报工作人员必须具有超前意识,通过对情报信息的预测性研究,充分了解情报信息的过去、现在和未来走向,为学校的发展和企业的生存提供大量的有价值的竞争情报和信息。

(四)设施

信息时代的图书馆,文献资源的类型较多,各种媒体推陈出新,读者的查询资料习惯亦不断地改变。这就要求图书馆的各项设施不断增加新技术含量,增强图书馆的亲和力与舒适感,以帮助读者在浩瀚的文献信息中寻找他们所需。

当今信息化图书馆的设施除图书馆建筑外,主要是各类技术设备和与之相配套的家具等。

1.安全设备

安全设备主要有图书安全系统、馆内防盗监视系统、图书馆门禁系统。

图书安全系统:目前图书馆内所有的馆藏皆已装置磁条,已上消磁的方式,侦测读者是否办妥借阅手续,其优点为馆方能有效防止读者误带馆藏书刊,但仍不可避免有侦测错误或遗漏等发生。

馆内防盗监视系统:在图书馆内阅览区、出入口处等必要的地点装设监视录影机,夜间照明设备及红外线防盗系统,摄下馆内所有状况,必要时可调阅录影带。

图书馆门禁系统:利用读者校园一卡通或借书证、学生证加上磁条或条码,以刷卡的方式进入馆内,是许多新图书馆的入馆方式。据此,可利用电脑判断目前在馆人数、分析各时段进出人数、读者类别等。此项设备较适合读者人数固定之图书馆,若读者较多,馆方则必须考虑于出入口处安排人力协助及解决即时发生的问题。

2.电脑设备

信息化图书馆有大量的电脑设备,从馆内自动化系统、网络检索系统、多媒体光碟等,几乎到了无电脑不可作业之地步。

3.电传视频设备

现在的视听资料已与电脑技术结合,数字化的视听及多媒体资源发展迅速,图书馆已配备了视频点播系统,期望通过电脑大量储存及网络传播技术,使读者可依自己的兴趣,随时在屏幕上点选各种媒体资料,以达到即时点选,立刻使用的便利。

4.消防设备

图书馆的馆藏文献及家具均为易燃物,图书馆必须特别注重消防设施。目前,图书馆的消防设备,大抵还是依照一般大楼公共空间的规定,配有防火卷门、温度烟雾侦测器、灭火器、逃生缓降梯等。

另外,也要注意平时放置的灭火器数量,逃生方向之设计等。要记住,由于电压不稳定、缺少良好的配套维护设施,高科技设备通常意味着有效性较低;手提桶装水和使用手工灭火器要远远优于不稳定的自动化灭火系统。

5.自动控制照明设备

图书馆内的照明可分为阅览区及书架区两种区域,二者亮度需求并不相同,书架及走道的亮度可较低,阅览桌的亮度则需较亮,较佳的设计为阅览桌上加装个别开关的桌灯,其余为一般性照明,书架区的照明最好采取与书架垂直的连续性日光灯,以利书架密度的更改,而书架的排列应与有窗的外墙垂直,以利于光线进入,所以,灯管走向和外墙须保持平行。

6.温湿度空调设备

信息化图书馆是否装设空调设备是一件相当重要的事,因其直接关系到各种视听和电子器材的使用寿命,而其中最重要的是温度、湿度及灰尘等三个因素,其与电子器材的操作功能、使用寿命及相关材料的保管有关。

7.家具设备

图书馆家具的选用,应专业实用,符合经济原则、人体工学原则,应无障碍设计,与馆内环境颜色配合,与相关环境设备配合。信息化图书馆的各项家具主要包括:供读者使用的电脑桌椅、书架、多功能的柜台、读者信息检索家具、馆员工作台等。

第四节 图书情报工作的职业道德

职业道德是从事职业活动中的行为规范。它规定人们在履行职责中应该怎样、不应该怎样,也就是从道义上规定以什么样的思想、感情、态度、作风和行为去待人处事,去完成本职工作,去尽社会责任,从而调节内部与外部的道德关系。不同的职业有其自身的职业道德准则。图书情报工作职业道德是图书情报工作者在从事文献信息的收集、整理、贮存和传播活动中形成的道德规范和行为准则。

一、影响图书情报工作职业道德的因素

现阶段,我国经济处在多种所有制形势和多种经营模式并存的商品经济浪潮中,随着社会的进步,商品经济的发展,人们的思想价值观念也逐渐更新,传统的职业道德观念受着新思想、新文化的冲击,思想领域发生着巨大变化,图书情报工作领域也不例外。现在影响图书情报工作人员职业道德的不利因素主要有以下几方面:

(一)价值观念的变化

信息化社会为人们带来空前密切的信息文化交流,加速了先进思想的传播和新观念的诞生,也加速了社会的文明与进步。但是,市场自身的弱点和消极方面以及形形色色的价值观也反映到人们的精神生活中来。

(二)商品经济的负面影响

图书情报工作的传统职业道德是尽量地满足读者对文献信息的需求,充分发挥馆藏文献信息资源的社会作用。而在商品经济的影响下,社会的各部门高度分工,追求各自的经济效益,使得图书馆的社会地位越来越低,经济来源越来越少。面对经济的拮据,有偿服务便应运而生,图书馆员会通过收取服务费用来解决图书馆的财政问题。但是有的图书馆收费

名目之多,费用之高,常使读者瞠目结舌,只有望馆而兴叹,这是对图书情报工作职业道德的最大亵渎,也与图书情报工作的宗旨相背离,从而失去了大量的读者。图书馆搞创收活动,应采取扩大服务项目、扩大读者范围等方法,在文献资源的开发利用上下功夫,不应只局限于高收费。

(三)社会不良风气

不正之风出现在图书馆中主要是工作人员利用图书馆的便利条件,进行拉关系,走后门来满足自己的私性。有一些工作人员将好书、热门书留给熟人,作为拉关系,送人情的物质资料,甚至据为己有,而对别的读者则不能一视同仁,态度冷漠,甚至找各种理由拒借,这些严重违背了读者第一的服务观念,影响读者正常阅读。也有些工作人员利用自己权利私借图书或挪用馆内文献资源开办自己的"小图书馆",从中牟取私利,这些行为破坏了馆藏文献系统的完整性,给资料查询工作带来不少麻烦。这些不正之风干扰、破坏了图书馆在读者心中的形象,会直接影响图书馆职能的发挥。

(四)职称评定和职务聘任制度

现代图书馆,以职称定职务,以学术评职称,这项制度在一定程度上激励人们积极地进行科研活动,使一些有真才实学的人员走上领导岗位,但也存在一些问题,那就是在人们心目中逐渐形成了重学术而轻服务的倾向,图书馆服务一线的人员大量的时间被服务工作所占去,很少有时间进行自己的科研活动、论文写作,在职称评定时往往因此而落选。长期如此,工作人员不愿到服务岗位,服务情绪低落,缺乏工作热情,使得全心全意为读者服务的原则不能贯彻实行,产生这种情况的原因主要是重学术,轻服务的倾向造成的。扭转这种局面除了加强思想教育、端正工作作风外,在职称评定制度上应把实践工作当作科研成果条件一样来审核评定。如果不具备全心全意为读者服务的职业道德,再高的职称也会影响图书馆在读者心目中的形象,降低图书馆的社会地位。

二、图书情报工作职业道德建设的途径

(一)加强图书情报工作职业道德修养

图书馆应加强对馆员职业理想和事业心的教育,进行人生观、世界观和价值观的正确引导,加强职业道德修养。从图书馆职业来看,有社会的尊重和需要,也有对社会的责任与贡献。图书情报事业是促进社会进步、造福人民、追求社会的文明与繁荣的事业。图书情报事业与最先进的科学文化知识联系在一起,为知识分子提供文献服务,因此,图书馆被称为文

明使者,图书馆员是一项崇高的职业。馆员应充分认识图书情报工作价值,树立职业理想,弘扬敬业、乐业精神,增强事业心和成就感,身在文明地,争当文明人。

(二)加强职业道德修养过程中的自律

图书馆职业道德修养主要靠自觉和具有主动性、能动性的自省与自律。孔子的"为仁由己"就是这个道理。图书馆员要在职业活动中提高职业认识,坚定职业信念,明确职业责任,不断学习和锻炼,进行自我激励和自我完善,形成良好的职业行为习惯。无数事实证明,教育者能以身作则,具有道德和人格力量,才会真正得到受教育者的尊敬,有利于完成教育者的使命。心理学研究告诉我们,一个人中心兴趣一旦形成,就会变成一种巨大的动力,支配他去达到崇高的目的。图书馆员既然为人师表,必须重视自身职业道德修养,提高思想道德素质,自觉地把个人理想融入图书情报事业之中,献身教育与服务,身体力行,率先垂范,在职业实践中把自己塑造成为具有高尚职业道德的人,做一名全心全意为读者服务的优秀图书馆员。

(三)深化职业道德修养过程中的他律

职业道德的产生和维护都离不开他律,应建立规范性的制约机制。图书情报工作职业道德的维护不仅要靠社会舆论,同时也要有一定制度的规范、纪律的约束、利益的引导及读者的监督。各级各类图书馆可参照《中国图书馆员职业道德准则(试行)》,制定健全的、具有可操作性的规章制度,以明确图书馆员的责任、权利和义务。规章制度要奖惩合理,避免抽象和空泛,对于每一位工作人员和读者的言行都具有心理制约作用。

另外,在图书馆内积极开展优质服务、挂牌服务等活动,可强化他律过程。把自己的工作主动交给读者监督,既增强了馆员的职业自豪感,增进了馆员与读者双方的交流,又拓展了图书情报工作职业道德教育的途径。

思考与练习

1.简述图书情报工作的社会功能。

2.图书情报工作包括哪四大要素?

3.图书情报工作职业道德建设的途径有哪些?

第二章 图书情报学科的发展

引言

进入 21 世纪以来,具有科学性的新文献及研究成果层出不穷,科学知识的更新换代日新月异,如何于迅速变化与发展的动态环境里把控知识领域发展、进步的结构、趋向和形式,是目前科研人员普遍面临和亟待发掘的重要问题。图书情报学作为一门新出现的、与社会有着极为紧密联系的学科,在现代信息技术迅猛发展和社会信息化不断深化的新时代背景之下,呈现出许多新的特点和新的变化。这表现在图书情报学的研究内容和研究方法持续拓展,信息科学的热点和前沿层出不穷。图书情报学这门学科的学科结构和学科体系随着时间的推移愈发丰富与完善。

学习目标

1. 了解国内外图书情报学的发展历程。
2. 了解图书情报学的研究内容。
3. 熟悉图书情报学的体系结构。

第一节 图书情报学的发展历程

图书情报学吸收了图书馆学和情报学的部分理论,不仅能够展现一门学科的发展历史、发现时代中的关键人物、在前人的研究成果基础上发现规律,而且还能够帮助研究者了解本学科的发展历史,提高学者的研究素养,培养其历史和理论思维习惯。要了解一门学科,就必须要知道它的来源,并以历史和发展的眼光看待其发展历程。

一、我国图书情报学的发展

"图书馆"这一概念由西方进入我国始于 20 世纪初,其在我国得以成型则依赖于"新图书馆"运动的发起。1917 年,"图书馆学"一词首次出现在国内的文献中。1920 年,拥有美国国籍的韦棣华和沈祖荣在武昌创办了文华大学图书科,自此,近代图书馆学正式诞生了。之后,一批有关图书馆学的专著和期刊在国内得以出版,图书馆学以一门专业学科在一些高等院校得以建立起来。20世纪30年代，即将形成的图书馆学研究因战乱而未能成型。

1949年中华人民共和国的成立，使图书馆学的相关研究迎来了新的发展机遇。20世纪50年代，介绍列宁和毛泽东等关于图书馆事业的论述大规模出现。1956年，首届图书馆学科学讨论会在南京举办，引发了国内对图书馆学基础理论的研究热潮。针对图书馆学的性质、研究对象和研究内容的讨论全面展开，促使我国图书馆学研究从描述技术方法逐渐转向建构学科理论框架的方法。这一时期，"五要素说"和"矛盾说"是理论研究的代表。

1966—1976年，我国图书馆学理论研究再次被中断，相关研究理论基础深受意识形态的影响，呈现出单一、经验描述、批判性强的特征。1978年后，人们开始批判经验图书馆学直观描述式的研究方法，迫切要求变革和深化图书馆学的理论研究。一批青年学者在吸收了国外先进理论和经验方法之后，以社会交流为方向对图书馆学进行研究，提出了情报交流说理论、知识交流说理论和文献信息交流说理论。我国图书馆学研究迈向了新的发展阶段。20世纪80年代，经验图书馆学被图书馆理论变革彻底瓦解了，现代图书馆学研究范式得以确立。这是因为20世纪80年代中后期，学者逐渐转向了宏观现实问题，对图书馆学理论进行了更加深入的研究。

20世纪90年代，我国图书馆学研究在广泛吸收其他学科的知识体系和方法论后，不断深入研究基础理论，重新建构图书馆学理论体系，注重理论与实践的结合。学者还高度重视对国外图书馆学的研究，借鉴他人的优秀成果，学术研究取得了丰硕成果。这一时期，信息技术管理发展向全面综合信息资源管理的转变迅速渗透到图书馆学的各个领域，全新的信息观念随之被确立。

进入21世纪后，自动化技术发展迅速，数字网络时代来临，我国图书情报事业在思想层面和信息技术层面发生了深刻的变化。发生在思想层面的变化主要表现为图书馆性质、图书馆办馆理念、图书馆办馆模式及图书馆组织管理方式等，人们开始加强对知识管理的认识。信息技术层面发生的变化则表现为产业技术更加先进、事业覆盖面更广、用户对数字图书馆研究使用的方便程度有所提高。

情报学是一门新兴学科，它起源于文献学，形成于第二次世界大战以后，传入我国则是在20世纪50年代左右。1956年，科学情报研究所在中国科学院成立，研究人员通过对国外情报学理论与方法的借鉴，在这一时期，探索出符合我国国情的情报服务多样化理论，科技情报事业体制在我国得以建立起来。召开于1958年的全国科技情报工作会议具有综合性、战略性和及时性的特点。该会议结束后，情报述评和分析开始出现在情报学研究中，中国特色的情报研究工作逐渐形成。

20世纪60年代中期至70年代末期，全球计算机技术日益成熟，情报学开始以自动化情报检索系统及其处理技术为主要研究对象。在此期间，我国情报学发展却处于停顿状态，这是多种因素影响的结果。

国内情报学研究的恢复时期是在1980—1990年,其间掀起了两次高潮:一是信息技术的引进和应用;二是引进国外情报理论。前者使我国的情报学研究重点和关注领域从理论向应用推进、从文献向技术推进,也由此带动了计算机汉字切分、自动标引、编制主题表、应用和研究等方面的发展,而后者为情报学打下了坚实的理论研究基础。同时,我国开始逐步探究关于英国情报学家布鲁克斯的知识方程式的专业知识,其中包含控制论、信息论、协同论、系统论、耗散结构论,并开始研究和讨论奥地利哲学家卡尔·波普尔的"三个世界"理论。自改革开放以来,国内的情报学研究和科技情报事业得到了良好的发展,一些学术机构和高等院校也开始重视起来,如1978年中国科学技术情报学会的成立,1982年《情报学报》创刊。改革开放以后,十几所高等院校(如武汉大学、北京大学、吉林工业大学等)设立了情报学方面的专业。这个专业不仅培养出一批专业的本科生和研究生,而且编著了一系列高学术研究水平的教材和专著,如《情报学概论》《科技情报工作概论》《情报学》等。

我国情报学发展的转折期是在1990—1999年。随着信息社会和信息技术的兴起和发展,情报学抓住了合适的契机,得到了良好的发展。主要表现在学科研究范围逐步扩展和研究深度逐步加深,它已经不是简单的"情报"传递,而是延伸到"信息"领域;它能够与一些相关的学科匹配,从而兴起许多新的研究领域。在此期间,伴随着新兴领域的兴起,萌生了关于情报学学科根本属性、定位、性质、名称及其相关联学科(如信息管理、信息科学)的探讨。这主要是外部环境变化所带来的影响和自身发展的规律两方面所致。

2000年至今,知识经济和网络技术给当今的信息环境带来了重大改变。在多媒体集成、数字化、互联网等信息资源与信息技术相结合的基础上,情报学发生了重要转变,更加趋向虚拟化、网络化、数字化,在深度和广度上获得了更长远的进展。21世纪,情报学研究的不断发展提供了不少有影响力的文献作品,主要集中在情报学认知观、定量化、内容开发、知识组织和管理、竞争情报、知识情报学等领域。

情报学和图书馆学尽管有不同的研究方法、研究领域和研究对象,但是它们仍存在相同点和结合点。自1978年以来,我国图书情报事业现代化的标志就是"图情一体化",这是图书情报事业走向现代化发展的必经之路。它不仅单方面对图书情报事业的发展起到推动作用,而且推动了整个信息系统的现代化发展。1990年以后,传统图书馆学一步步向情报学靠拢,网络技术和信息通信技术在此领域得到了广泛的应用,这加快了两门学科的融合进程,也让我国图书情报事业的发展出现由"图情一体化"向"信息功能唯一论"迈进的新倾向。

很多学者对我国图书情报学的发展历程进行过多方面的回顾和反思。我们既不能否认西方图书情报学所产生的根本性影响,也不能单纯地认为我国图书情报学的产生和发展就是纯粹的"西学东渐"和中西方文化碰撞、结合的结果,其中还有许许多多研究者的不懈努力。

由吴仲强等人编写的《中国图书馆学史》，在很大程度上为我国的图书馆学提供了科学的理论基础。这本书主要介绍了四方面的内容：一是回顾和总结了我国图书馆学的发展历程；二是研究了影响图书馆学产生和发展的主客观因素；三是了解了我国图书馆学在我国社会发展中的意义及地位；四是对其代表人物进行了客观的评价。

1989年，中国图书馆学会为庆祝中华人民共和国成立四十周年暨中国图书馆学会成立十周年，特别出版了《中国图书馆学情报学论文选丛》（1949—1989年），共十集。这部丛书从十个主要方面全面总结了我国图书情报学四十年来的重要成就，这十个方面包括图书馆学情报学目录学文献学、基本理论、文献资源建设与布局、图书情报事业的组织与管理、情报检索语言、文献编目、读者学与读者服务工作、情报检索、图书情报事业发展战略、图书情报建筑设备与现代化技术。其中，还有很多人做出过贡献，如对我国图书馆学历史积极撰文的霍国庆、王子舟、刘亦平、戴煌滨等，对图书馆学某一分支学科的发展史进行研究的龚怡首、王素琴、王友富、刘延章等。

运用大量篇幅讲述有关图书馆学史问题的著作还有黄宗忠的《图书馆学导论》、宓浩的《图书馆学原理》和倪波的《理论图书馆学教程》。

1990年以后，图书情报发展史受到学界的进一步关注。业内学者开始重视图书情报发展史，并进行更深入的关注和探究，他们已经深刻地意识到这是极为重要的研究领域。21世纪初，把图书馆学史列为重点研究领域主要是通过发布《图书馆情报与文献学学科"十五"研究规划及课题指南》的方式。此课题指南具有高度的认识价值，明确表示图书情报学史的研究不仅能够科学地揭示其发展历史、现状、特点、经验、教育、水平，而且能够预判未来趋势。

在此期间，出现了很多关于图书情报发展史的重要文献，比如：

《中国高校哲学社会科学发展报告（1978—2008年）——图书馆学、情报学与文献学》，它是教育部社会科学委员会以系统、全面、简洁的方式编撰的，自1978年以来，情报学与文献学研究发展、图书馆学的基本脉络和总体进程，是由知名学者张久珍、王余光等人完成的。此文献以学术发展为主要引导，全面科学地概括了本学科框架内学术发展的重要事件、标志性成果及理论、技术和方法创新等。

《数字时代图书馆学情报学研究论丛》，此文献共二十卷，是由武汉大学信息管理学院编写的，同时邀请了国内外知名学者担任学术顾问。该文献主要讲述了图书馆、信息组织与检索、情报与档案管理的基本理论研究、信息资源管理、文献编纂与出版、数字图书馆和信息系统工程、信息资源建设与信息服务等一系列内容。随着图书情报学的新发展，还出现了两部丛书：一是陈传夫主编的《图书馆学研究进展》；二是李纲主编的《情报学研究进展》，这两部作品对于未来的图书情报学发展走向进行了全方位系统的描述与评价。

现今对于研究我国图书情报学具有借鉴意义的图书有很多，它们以全方位的视角看待我国图书情报学的发展，如戴维民的《20世纪图书馆学情报学》、张树华和张久珍的《20世纪以来中国的图书馆事业》、肖希明的《图书馆学研究进展》、周文骏的《中国图书馆学研究史稿》、杨沛超的《中国图书情报事业发展研究》和符福垣的《当代情报学》。

我国图书情报学发展史曾在学术期刊的论文中经黄宗忠、程焕文、范并思、吴慰慈、王子舟、霍国庆、王知津等知名学者进行全面的研究与探讨。值得注意的是，在《20世纪西方与中国的图书馆学——基于德尔菲法测评的理论史纲》中，范并思利用信息分析的研究方法广泛收集基础数据，他的方式主要是收集图书馆学基础类专著、综合类图书馆学工具书、教科书、国内外书评及综述性文献，还有就是核心期刊中的学术论文。其分析的目的在于全面还原20世纪中国图书馆学的本貌，将我国图书馆学发展史分为五个阶段：嬗变与萌芽阶段，新图书馆运动，战乱、重建与动乱，新时期的理论变革，理论现代化。同时，研究了20世纪图书馆学术史，研究是以不同阶段的代表性文献、人物和事件为主要根据的，包括这一时期的文献、人物与学术流派在20世纪图书馆学思想史中的贡献与地位。该书为本书的编撰和探究起到了重要的借鉴作用。

二、国外图书情报学的发展

国际上，在不同的领域中，图书情报学具有不同的特点：在范围方面，由过去狭隘的图书馆扩展到信息领域；在视野方面，由实体的图书情报机构扩展到虚拟的空间；在对象方面，由单纯的图书文献深入到注重信息内容。通过对比发现，在美洲等一些国家中，其研究多偏向于应用研究和相关实践，重视的是解决具体的信息科学实际问题的方法。这些国家解读图书情报学科的发展史大多是通过案例与比较方法、定位方法与定量方法、综述与评论方法、模型方法与经典案例、指标分析法、内容分析法等。比如：①美国信息科学协会杂志（JASIST）组织的专题《信息科学的范式、模型和方法》《还有待于开发研究的边缘学科领域——处在千年之交的信息科学》《文献和信息科学的历史》等，对信息科学的相关理论进行了集中的讨论。②2002年，《图书馆趋势》组织刊发了关于"信息科学的当前理论"的十三篇论文，涉及内容为理论构建的跨越学科的框架、信息遗传学理论、信息科学中的问题是利用模糊集理论来解决的。③在JASIST成立五十年之际，贝茨通过收集、整理、归类和罗列发表过的数百篇论文，对整个信息科学的发展史及现在的状况进行总结。除此以外，《未来的图书馆梦想、疯狂与现实》是由图书馆学家高曼与克洛福特合著的，《走向未来后工业时代的图书馆情报服务的基础》是由翰奈和哈里斯合著的，通过这些图书都可以看出国际的学者反思和探索图书馆情报学的发展。

在我国也有很多介绍外国图书情报学发展史的文献。比如,《20世纪西方与中国的图书馆学——基于德尔菲法测评的理论史纲》由范并思等人编著,在书中以年代为线索,以德尔菲法找出的人物、事件与文献为中心,纲要式地介绍并且点评了20世纪西方图书馆学。

《国外图书馆学情报学最新理论与实践研究》是由孟广均等人所著的,这部书从新技术、教育、基础理论与组织管理四个部分对近些年来一些发达国家在图书情报建设与图书情报事业发展等方面取得的主要成就进行了比较和全方位的描述,对于今后我国的图书情报建设事业与学科建设方面都有着重要的借鉴意义。

《西方图书馆史》由杨威理所著,在书中从古代两河流域开始,一直到现在的图书馆现代化,介绍了不同时期西方资本主义国家图书馆的发展与特点、产生、服务对象与方式的延伸和改变,文献资源的共享和图书馆网络的建立,图书馆学教育与研究的不断兴起和发展。图书馆事业的一个重要方面是文献工作的标准化,许多学者对我国与外国的图书情报领域进行了分析总结、对比研究,如刘兹恒、赖茂生、彭斐章、沙勇忠等。还有很多学者在图书情报学科的某一分支上进行相应的国内外拓展,如信息服务、信息检索、数字图书馆、文献计量学、开放取存等方面。

在我国,研究国外图书情报学发展史更侧重于介绍国外先进的图书情报理念、技术,从而找出可借鉴的地方来促进我国图书情报事业的发展。

在图书情报界研究比较活跃的是对于"史"的研究,但是很大程度上更偏于"中国图书馆事业史"和"中国图书史"。以文献调研为基础,通过归纳与总结科学事实得出大多数文献,这导致缺乏定量研究,而经验性知识偏多。本书的样本就是我国图书情报学核心期刊刊载的学术期刊论文,采用多种信息分析方法对样本数据的内容与形式进行实证分析,从文献计量学的角度出发来分析学科热点的发展演变。

第二节 图书情报学的研究背景及意义

一、图书情报学的研究背景

情报学是一门与情报信息有关的学科,目前都归结为信息管理与信息系统专业,也就是信息管理专业,主要是文献信息的组织、存储、检索、咨询、分析和读者服务等相关知识学科。图书情报学是将图书馆学与情报学结合组成的一门学科,在现实领域中,图书与情报密不可分,虽然行政归属相离,但是在业务上存在诸多共性。

(一)研究图书情报学的原因

21世纪以来,社会已经进入了数字信息时代,随着计算机技术和网络技术的飞速发展,数字化信息呈现爆炸式增长,面对如此之多的与数字信息相关的资源,图书情报学的研究领域与研究范围也在逐步地产生变动。由以往几十年图书情报学这门学科的发展历程与科研成果可知,此学科虽然对社会发展做出过极大贡献,但传统意义上的图书情报理论与图书情报实践已基本无法适应信息时代、数字化时代的进步需求。除此之外,研究图书情报知识图谱应将以下几点作为基础:

1.我国图书情报学地位亟待提高

一门学科在学术上是否有一席之地主要表现为三点:此学科对学术研究相关理论的创新能力与创新程度、对社会的贡献程度及解决在社会实践中存在的问题的能力。有一段时间,有关图书情报学学科地位在社会中激起了广泛而又热烈的探讨,许多研究者的观点是,图书情报学这门学科在整个学术领域存在话语权缺失问题,这门学科也未能得到应有地位。例如,在整个学术界高精尖的学术团体中,图书情报学的学者寥寥无几,存在感低。因此,只有通过对图书情报学发展的研究,将学科的发展境遇、研究热门问题、主题演化规则、发展存在的弊病进行再梳理,才能进一步完善图书情报学的体系,并提高这一学科在整个学术界的地位。

2.我国图书情报学的快速发展亟须建立新研究框架

我国的图书情报学随着信息和互联网技术的不断发展,将研究的重点从传统意义上的文献分析、图书馆服务与管理等研究领域渐渐向网络信息资源管理与检索、信息共享、数字图书馆、数据挖掘、本体语义网、知识管理与组织、科学计量学、竞争情报等研究领域转移,当今社会大数据技术的发展使得图书情报学的发展前景变得模糊不清。

同时,图书情报学为图书情报与档案管理一级学科下两个二级学科的组合,随着学术视域的逐步拓展,图书情报学研究范围与其他学科存在较大的交叉,在"信息计量"这一领域就包含管理学、计算机技术、数学等多学科的相关知识。所以,在将来的研究里,研究者需维持学科研究的包容性、开放性,对学科"户口"性质加以突破,只有做到这些,研究者才能产生具有极大创新性和较大影响力的有关成果。学科研究范围的变动与学科的交叉性、综合性要求学者对图书情报学进行重新梳理与归类,同时要对学科间的特征做进一步的了解与研究,并把握好图书情报学的学科发展及存在的规律。

3.建设创新型国家亟须图书情报学理论的支撑

我们国家对图书情报学有极大的社会需求,该学科的研究尚存较大的发展空间,增强图书情报学学研能力及社会服务能力刻不容缓,图书情报学应为快速建设创新型国家做出应有贡献。

(二)学者的研究是图书情报学的基石

我国学者通过查阅文献、访谈专家及发放调查问卷等途径,采用定性描述与分析等研究方法,对我国情报学发展历程、发展现状与前景进行了较为细致的阐述。赖茂生对情报学在数字时代的应用前景进行了论述,他认为,情报学在哲学的研究、基本理论的发展趋势和学科新核心话语等方面都取得了较大突破。① 此外,毕强对数字时代的情报学发展趋向进行了展望,他认为,数字时代情报学发展应该重视前沿发展和外延输出、学科核心话语知识化、技术与人文的协调统一几个方面。② 赖茂生利用问卷调查总结出竞争情报、知识管理等23个情报学前沿领域。经过调查,他还提出了十个具有前沿性的研究领域,其中有知识组织、情报检索、数字图书馆等。③

传统意义上的定性研究需要汲取几乎所有的文献及研究成果,耗费心力的工作也会与主观判断相混淆。此法类似于"盲人摸象",不能明晰学科发展的重点,也适应不了处于不断变动中的学科结构。在知识和信息中,能够直观地展示学科发展的全貌及处于发展前端的领域是很困难的。传统意义上的定量研究对信息计量的把控较准确,但其直观性和生动性有所缺失。其实,直观地揭示整体的知识结构是很不容易的,因此,我们必须找到一种更加客观、科学、高效的研究学科结构和发展的新方法。信息可视化理论、引文分析理论、复杂网络和社会网络分析方法与技术的成熟为找到新方法提供了条件及可能性。

奠定科学知识图谱首块基石的是加菲尔德、普赖斯的引文分析理论。1964年,加菲尔德等人在《应用引文数据撰写科学历史》中开始了一项具有开拓性的研究,他们画出了以时间为基础的DNA研究领域的历史发展图谱,这是基于引文的可视化图谱研究中的开辟性研究。1965年,普赖斯用与加菲尔德等人相同的数据完成了他的论著《科学论文网络》。自此,以引文分析为基础的"知识图谱"理论与方法生发出来。1973年,斯莫尔开创性地提出了共被引的概念和共被引的分析方式,此后斯莫尔和格里菲斯等研究者又提出了双引多引、期刊共被引、作者共被引等多种有关共被引的分析方式。1978年,雷迭斯多夫总结并深入研究了绘制科学图谱的多种方法,主要是传统意义上的多元统计分析方法。20世纪80年代,怀特和麦肯等学者在共被引分析的基础上,将共被引分析与多种多元统计分析相结合,建立

---

① 赖茂生.赖茂生谈数字化时代的图书馆[J].晋图学刊,2020(2):1-12.
② 毕强.《情报理论与实践》回眸与前瞻[J].情报理论与实践,2014,37(12):14-16.
③ 赖茂生.新时期新格局呼唤新战略——对我国科技情报事业发展战略的思考[J].情报理论与实践,2020,43(8):1-8.

了以多维尺度分析为基础的知识图谱方法。

奠定第二块基石的是统计物理学关于复杂网络系统的研究、社会网络分析的兴起及统计物理学在引文网络中的应用，关于复杂网络系统的理论与运用方面的研究已被推到了自然与社会科学大交叉的前沿。1989年，哈蒙将社会网络分析法引到引文网络领域，还提出了引文网络中的关键路径算法，这使科学知识图谱的研究水平"更上一层楼"，达到更高的境界。

将信息可视化的振兴与信息可视化在引文网络分析之中的运用作为科学知识图谱发展的第三块基石是当之无愧的。20世纪80年代，信息可视化技术取得极大发展，将人机交互、数据挖掘、图像技术、认知科学等诸多学科融入自己的知识体系中，逐步变成了现代信息技术最前端的极受欢迎的领域。在信息可视化的振兴中，信息可视化研究的新领域的开拓者一个个浮现出来，在诸多开拓者中，美籍华裔学者陈超美是其中的重要人物。他的《科学前沿图谱——知识可视化探索》《信息可视化——超越时空》两部著作在现今这一大潮中具有重要地位。陈超美开发的Cite Space将信息可视化技术和科学计量学进行组合，创新性地研究出适合复杂网络分析的第二代信息可视化技术。他还开辟了以知识领域为分析单元的可视化综合性学术与应用领域，把相关研究推进到以知识图谱与知识可视化为辅导决策重要手段的一个新时期。

科学知识图谱随着科学计量学和信息可视化的进步变得愈发成熟，并因此被多个科学领域广泛运用，科学知识图谱研究学科随着时间的推移也逐渐被更多学者接纳和使用。利用可视化知识图谱能够将学科的核心框架、发展历史、前沿领域及整体知识架构展现得更加清晰，还能够将复杂的知识领域利用数据挖掘、信息处理、知识计量和图形绘制展现，由此可以使知识领域的动态发展规律变得更易分析，为图书情报学的钻研提供符合实际、有所裨益的参考。

尽管在图书情报学的很多领域中，知识图谱都得到了成功应用，但它存在着如下几方面的弊端：

一是研究范围较窄。目前，知识图谱在图书情报学研究中的研究范围还不够全面，多涉及某一方向或主题而未扩及整个学科。

二是研究数据不够全面、规范、权威。数据研究选择一种或几种期刊、数据来源是未经规范化标引的数据库、一些数据研究不参考国外期刊，导致研究数据不全面、不够科学、缺少权威性。

三是构建流程和方法不够规范。目前，各领域专家对知识图谱的构建流程和构建方法可谓"仁者见仁，智者见智"。例如，通过定性和定量的方法构建出知识图谱发展历程，用经验主义和科学统计方法的流程来对知识图谱进行构建。这是因为学术界还未能对这两方面形成统一完善的体系。

二、图书情报学的研究意义

科学知识图谱应用广泛,能够使人们的知识体系更加结构化,帮助人们梳理当下信息爆炸时代的知识脉络,实现对未来科技热点的预测功能。在科技方面,它已经成为追踪科技前沿、选择科研方向、开展知识管理与辅助科技决策不可或缺的工具。此外,科学知识图谱在学术共同体及其网络的研究、学科领域的发展及演进、研究课题的扩散与传播、作者或机构的关系等方面也发挥着作用与价值。

知识图谱作为一种知识管理方法,需要利用信息可视化技术及计算机程序将学科、文献或数据以可视化方式呈现出来,让人们站在前人的肩膀上,完成对这个学科的结构分析,了解其如何兴起、通过何种渠道演进、呈现出什么样的知识结构等。

随着科技的日益革新、信息量的日益剧增,与社会紧密联系、与不同学科相交叉的情报学的研究内容和方法不断表现出新的特点和变化。为了明晰情报学当下的发展,掌握其未来研究的发展动向和情况,追踪该领域的热点和前沿是研究学者的重要方向。

在互联网迅速发展的时代背景下,对图书情报学的发展现状与热点问题进行研究十分必要,尤其对图书情报学未来的发展方向和研究重点具有以下几点重要意义:

第一,知识图谱研究是挖掘一个学科发展规律的重要手段和工具。它并不局限于对众多理论、学派的阐述,而是透过重重理论展现其主题和内在逻辑,帮助人们了解图书情报学演化路径、探究其主要内容、把握其内在规律。这不仅有效推动了该学科的发展,提高了高校图书情报学的建设能力,还有利于我国图书情报学的建设完善。

第二,要了解目前我国图书情报学的不足和局限性,为其长远发展谋求生路。要利用信息可视化技术对该学科的发展特征进行研究,挖掘其发展路径中存在的绊脚石,分析其发展道路上的弊端,从而确立科学的图书情报学研究范式和理论体系。

第三,有利于学者展开新的研究选题,扩展学科研发新方向。研究图书情报学的热点和前沿问题不仅使其研究内容得到延伸,而且帮助研发人员发现被忽略的"子学科"并挖掘潜在的新"子学科"。这对正确掌握该学科未来发展前景、推动学科发展具有重要意义。

第四,一门学科要想长久立足,不被时代抛弃,就要学会创新。图书情报学在新时代背景下要改革创新、提高自我能力、加强竞争优势,才能在众多学科中站稳脚跟。图书情报学作为一门元老级学科,能够延续至今、生机勃勃,正是因为该学科在时代的发展过程中不忘关注前沿和热点问题、积极创新理论、保持学科优势和特色。

第五,研究人员需要对图书情报学进行监测,预测其发展方向。借助可视化分析这一工具,学者能够发现我国图书情报学在 21 世纪的内在发展逻辑、发展时代背景、演进动因、知识来源、知识结构和演进路径、研究主题、发展主线、发展特征和规律,能够找到其研究的局限性。通过掌握学科研究重点,提供大量权威研究信息,以便学者找准研究方向、为其制定战略、有效分配关键课题的科研基金。

第六,情报学的发展离不开科研合作。在"大科学""大数据"时代下,学者的研究合作已越来越倾向于网络优选。通过网络,研究者的合作对象、合作模式将得到优化。这种方式不仅大大降低了研究成本、减轻了研究难度,而且增加了科研产出量、扩大了学术影响范围。

第七,要了解一门学科未来的研究方向、有效促进学科发展,需要掌握其发展历程、发展特点、发展规律等。图书情报学的知识图谱研究方法不仅适用于图书情报学研究,而且可以推动其他学科理论与实践的发展。在全球化逐渐加深、科学技术迅猛发展的今天,利用图书情报学的研究方法提高我国知识体系创新能力,有助于我国占领科研制高点,营造全社会创新知识体系的良好氛围。

以往的研究结果表明,要正确掌握图书情报学研究的未来发展方向,更好地为其制定发展战略,进一步推动我国图书情报学走向国际,应采用定量与定性相结合的研究方法。定性研究通过发掘问题、理解事件现象、分析人类的行为与观点及回答提问来获取敏锐的洞察力,而定量研究则以科学的数据、严谨的逻辑进行分析。定性研究与定量研究相互完美地弥补了各自的不足与缺陷。

第三节 图书情报管理学的研究对象及内容

一、图书情报管理学的研究对象

自从有了图书馆形态,有了文献资料的收集、整理与交流使用等活动,也就有了图书情报管理的实践。图书情报管理思想形成的历史几乎同图书馆产生与形成的历史一样悠久。结合考察图书情报管理学的发展历程,系统地思考管理领域的各个部分,分析图书情报管理理论与管理实践的关系,笔者认为,图书情报管理学的研究对象是图书情报管理活动。

图书情报管理活动作为认识的客体,可以从如下两个方面来认识:

(一)图书情报管理活动是一种具有综合特征的活动

图书情报管理在漫长的历史发展过程中,由零散到集中,由局部到整体,由传统的内部藏书组织活动发展到具有广泛性的图书情报事业组织,再到为文献情报的有效利用而产生的计划、组织、控制、指挥等一系列行为,并通过图书情报这一信息交流系统的扩大与分工而自成体系,既区别于其他学科,又形成相互关联的多维立体结构,是一种具有综合特征的活动。

它的综合性主要表现在以下几个方面:

图书情报管理活动的综合性是由图书情报管理的各个构成要素的相互运动所决定的。在图书情报管理活动中,无论是一个图书馆、情报所、资料室,还是一个系统,其管理活动都是由几个要素的运动决定的。这些要素分别是:人(工作人员、读者用户)、藏书、建筑设备、经费、时间、业务技术、信息、环境八个方面。

这里的人是指被管理的图书情报专业人员、技术人员、行政人员、其他工作人员及读者用户。对图书情报工作人员的管理,可以使他们各尽其能、尽心尽力,最大限度发挥主观能动作用,把他们团结在领导集团的周围,形成一股推动整个图书情报机构运转的内聚力。对读者用户的管理,就是组织读者,有效了解读者需求,并使这种需求的人力、物力耗费达到最小系数。

藏书是图书情报机构的物质基础,是为读者服务的基本条件。对藏书的管理就要使藏书合理、结构布局合理,形成能主动服务的知识喷泉结构,为广泛的文献情报服务奠定良好的基础。

建筑设备包括图书情报机构所利用的各种设备、用品、材料、房屋等。对其进行管理,可使其使用价值、使用技术、使用材料、使用经费、使用人员达到高效、合理,做到物尽其用、投资布局合理。

经费是图书情报机构运转的经济命脉。因此,对其管理就是使经费的计划、预算、使用、比例系数既与国民经济发展、投资平衡,同时做到投资与效果比值平衡。

时间就是生命、就是效率,节约劳动时间就是发展生产力。时间是一个常数,但每个人对时间的利用是一个变数,利用的变数越大,那么生产效率就越高,反之就越低。因此,对时间的管理,就是使图书情报机构的人力、物力、财力在一定时间内得到充分的利用,使读者利用文献情报所耗费的时间缩短,使知识情报的时间寿命得到延长。

业务技术是检验图书情报机构运转能力的关键。对图书情报业务技术的管理,就是使各种业务技术及流程达到条理化、规范化、标准化、现代化,并且为技术革新、组织人力和物力创造条件。

信息是沟通社会、联络读者用户的中介,是沟通人的精神世界、思想感情的动力。对知识情报信息的管理,是使知识情报信息达到有序化;对读者用户的需求信息的管理,目的是有效化;对物质信息的管理是为了达到经济适用。总之,信息管理是把握人和物、思想和感情的关键。

环境,包括图书情报机构的内外部环境。内部环境指的是人员所使用的声频、视听与阅览室的布局、灯光、卫生、空气、设备条件等。外部环境指的是地理风貌、社会的影响、干扰、噪声等。对环境的管理,就是为藏书保持活力,为文献利用创造良好的条件,为读者有效利用文献资料所需的安定心绪创造安静、优雅的环境,使工作人员的劳动保持最佳的心理状态,等等。

总之,图书情报管理活动中的八个构成要素相互影响、相互制约、相互依赖、互为条件,然而,八个方面的有效运用,就需要进行综合管理。没有整体观念,片面地强调某一方面将会使活动失去平衡,扩大图书情报活动的内部消耗或能力抵消。而要使八个方面形成一部灵巧运转的机器,就需要运用多门学科的知识。除图书情报学专业知识外,还需要管理学、社会学、心理学、经济学、数学及计算机科学等学科知识。因此,图书情报管理活动,既是一种综合知识运用的活动,又是一种综合的社会现象。

(二)图书情报管理活动是一个完整的概念

这一概念对图书情报管理领域的诸现象及普遍联系做了全面的表述。它的表述,从微观上概括了个体图书馆、情报所、资料室管理的内部结构体系,从宏观上概括了图书情报系统管理的内外部现象,所以,它具有概括整个图书情报管理行为的完整性。这一完整性的具体表现如下:

第一,图书情报管理学尽管是一门新兴的学科,但其发展历史与其他学科一样,同样经历了知识积累、经验总结、理论科学等几个时期。以图书情报管理活动作为研究对象,既泛指古代的图书管理活动,又包括现代的图书情报一体化管理活动;既兼容对国外图书情报管理活动的认识探讨,又包括了我国图书情报系统古往今来的管理活动。

第二,图书情报管理活动的各个组成部分、范围,尽管可以划分为具体的系统、层次,但是这些宏观与微观管理层次,都从属于图书情报管理活动整体。从宏观而言,有群体系统层次;从微观而言,有一馆一所的高、中、低层管理层次。这里的"高"指以馆(所)长作为行政领导的决策管理活动,"中"指的是隶属各馆所领导的部、组的协调型管理活动,"低"指的是个人之间的配合与执行型的管理活动。尽管各个层次之间相互影响、依承,但它们又都统一在图书情报管理活动这一整体概念之中。

第三,就管理活动内容而言,有行政、业务、信息管理等活动,具有非常广泛的特点,它既深入到文献资料的收集计划,又延伸到读者利用的反馈及效益。但是,它的深入与延伸都同属于图书情报管理概念范畴之内。

综上所述,以图书情报管理活动作为学科研究对象,可以明确,图书情报管理的范围是整个图书情报系统,而其社会实践性、广泛性、整体性又表达了管理活动中丰富的内容。

二、图书情报管理学的研究内容

研究对象是人们行动和思考时作为目标的事物和认识的客体,这一客体的内部实质和外部联系,构成了这一学科研究的内容,它是由研究对象来规定、制约的。因此,图书情报管理学的研究内容应该表现为图书情报管理活动的理论、应用实践两大部分。

(一)图书情报管理学的理论研究

图书情报管理学的理论研究包括基本原理、理论基础、思想发展三个方面。

1.基本原理

图书情报管理学学科体系中具有普遍意义的基本知识、规律和原理应是图书情报管理学的研究对象,同时,图书情报一体化管理等也是当前面临的重要课题和研究对象。笔者认为,图书情报一体化管理体系结构的探讨应具体表现在三个方面:其一,探索图书情报一体化的管理体制,规划各系统类型图书情报机构的组织;其二,研究各地区、各系统图书情报机构的功能,协调机制与网络;其三,探讨图书情报管理的基本职能,以及规划图书情报系统资源布局,协调诸方面的资源共享活动等。

2.理论基础

作为一门学科,必须具备学科建立的理论基础。从图书情报管理活动基本特点关系来看,它是探讨人与知识、人与物、人与社会的关系,是为了管好人、管好物,以最经济的消耗取得最佳的效果来服务于社会的一种特殊活动。而要使这种活动适应于社会的发展,符合于图书情报事业的发展,就必须以指导研究"人"和"社会"的科学为基础,因此社会学、教育学、心理学、行为科学也成为图书情报管理学理论基础的有机构成部分。

3.思想发展

探讨图书情报管理思想的产生与发展,研究其实践管理活动的沿革,对学科建设具有极大的促进和引导作用。因此,有关图书情报管理发展的探讨主要包括:研究图书情报管理活动的产生与发展历程,各时期主要图书情报管理的代表著作和人物,各时期图书情报管理的范围、作用及其特点,总结其历史经验,探讨其演进规律,等等。

(二)图书情报管理实践与理论应用的研究

这一方面的研究主要是针对图书情报管理工作的内容、管理方法及管理现代化。

1.图书情报管理工作内容的研究

图书情报管理工作内容丰富,研究课题广泛,其主要方面如下:

（1）人事管理的研究。主要是研究人力资源的合理利用,以及为了广泛开发人力资源而探索社会学、教育心理学理论方法在人事管理中的应用等。

（2）行政管理的研究。主要是研究管理体制、结构组织、规律制度等。

（3）业务管理的研究。主要是研究业务机构在新的历史条件下的设立与改革,业务人员的素质与培养、选择与受用,业务技术的系统组织,新的业务技术的应用、操作规程、业务标准、技巧应用等。

（4）信息管理的研究。主要是研究读者反馈信息渠道的建立,工作人员的信息档案组织,经费、设备等资源的利用信息,以及这些信息的归类、分析,从而为沟通人与人、人与物之间的联系创造条件,为制订计划、做出决策提供理论依据。

（5）政治思想工作管理的研究。也是与人事、行政管理相辅相成的工作,它是建立精神文明与物质文明的根本保证。因此,其主要探讨的是,专业人员、技术人员、行政人员的不同思想工作特点方法,以及党政工作的配合、政治学习、职业道德、共产主义理想教育与训练等方面的方式方法等。

2.图书情报管理方法的研究

图书情报管理方法的研究主要包括以下几个方面：

（1）图书情报管理方式的研究。主要是对不同类型的图书情报机构的行政、经济和社会管理方式的探讨。

（2）具体的管理方法的研究。主要是研究图书情报工作中的计划管理法、目标管理法、信息管理法、计量管理法、经济管理法、系统管理法及各种方法的综合运用研究。

3.图书情报管理现代化的研究

（1）图书情报管理现代化的基本特征、战略目标、战略部署的研究。

（2）图书情报规范化管理中的标准化、规范化问题的研究。

（3）有关现代技术在图书情报系统引进与应用的计划,以及实施过程中的协调、协作、规范标准和经济性、可行性、人员培训,推广交流的组织,等等。

（4）计算机网络化的研究。主要是探讨文献信息、计算机、通信技术"三位一体"的管理结构、系统方法等。

综上所述,图书情报管理学有着广阔的研究领域,在"情报爆炸""商品化社会"及读者需求日渐复杂的新的历史条件下,图书情报管理理论方法的研究与应用,将会进一步促进图书情报事业的发展,为扩大图书情报系统功能展现出无穷的力量。

(三)图书情报管理学的定义

明确了图书情报管理学的研究对象是图书情报管理活动,并根据研究对象的内涵规定,就其知识体系、研究内容范围的认识，随之而来的是给图书情报管理学下一个比较确切的定义。

众所周知，图书情报的本质特征是知识信息的积累与交流，而管理的基本特征是计划、组织、指挥、协调、控制与挖潜。为此，图书情报管理的基本特征就是通过计划、组织、指挥、协调、控制与挖潜等管理活动来扩大知识信息积聚与交流系统的功效。而要扩大图书情报系统的功效，必然要探索各项管理活动的基本方式、方法及规律。据此，图书情报管理学的定义是：图书情报管理学是研究图书情报系统有关计划、组织、指挥、协调、控制等管理活动及其规律的科学。

第四节　图书情报管理学的体系结构

图书情报管理学体系结构是图书情报管理学内在逻辑结构的集中体现。它既是人们对图书情报管理活动认识所形成的系统理论体系，也是图书情报管理学各个组成部分之间的结合方式。考查和探讨图书情报管理学的体系结构及其演化规律，既是建设图书情报管理学的一个重要课题，同时对从总体上把握图书情报管理学发展的辩证规律有着重要的意义。

一、图书情报管理学体系的演化

图书情报管理学是图书馆学、情报学、管理学相互交叉结合而成的一门学科，它既是图书馆学、情报学的一个分支，也是管理学的一个分支。它之所以独立成为一门学科，是几经演化而形成的。但由于各国对图书情报一体化及其管理存在着不同的看法，因而在其演化过程中，管理活动的各部分必然出现重此轻彼的倾向，但其知识体系却有着悠久的进化历史。

（一）传统的综合知识体系

由于图书情报管理学是以图书情报活动为研究对象的科学，因此，图书情报机构管理活动的出现也就形成了图书情报管理学知识体系的萌芽。

我国早在南宋时期，程俱的《麟台故事》就有专门论述图书馆人事管理、建筑设备管理的篇章。明代文渊阁大学士邱浚撰写的《论图籍之储》《访求遗书疏》等著作中提出了图书馆设置，加强藏书借阅手续，专官专治的管理思想。历史上的这些概论性图书馆学著作，已经初步总结了图书馆局部组织管理活动的基本知识，这些知识都包括在图书馆学的范畴内。

在国外，第一个提出"图书馆管理学"这一名词概念的是德国的著名图书馆学家艾伯特

(Friedrich Adolf Ebert)。但这一概念与如今"管理学"的概念有着根本的区别。艾伯特提出的管理学概念实质上是图书馆业务工作、操作技术等方面的组织与管理,是图书馆学的实践内容。法国的图书馆学家海斯在艾伯特的图书馆管理学思想的基础上,提出了一个以图书馆管理学作为图书馆学核心的图书馆学体系。在其1893年出版的《图书馆管理学》一书中指出:图书馆学的宗旨在于最有效地解决管理问题。尽管海斯的图书馆管理学思想并没有超出传统图书馆学的范畴,但无疑是图书情报管理学史上的一种突破。

尽管图书馆管理学发源于德国,但真正把艾伯特、海斯的管理学思想和知识体系应用到图书馆实践中的,是英国的图书馆学家帕尼兹(Anthony Panizzi)。帕尼兹是意大利的爱国者,青年时代避难于英国,1823年加入英国籍,1831年进入大英博物馆,并致力于图书馆管理工作,他对图书馆的藏书建设、图书馆人员、目录组织和阅览服务诸方面进行了改革,并领导和主编了《大英博物馆编目条例》,首先确立了图书馆工作的原则、业务规划,开创了图书馆法规管理的先例。因此,《大英博物馆编目条例》被称为世界目录学史上的"大宪章",帕尼兹也被誉为"图书馆世界最伟大的立法者之一""英国博物馆史上最富有创造性的力量"。

与帕尼兹同时代的另一位英国著名图书馆学家爱德华兹(Edwards),发展了艾伯特、海斯的图书馆管理学思想,开始把图书馆管理活动范围扩展到群体图书馆,设计了第一个全国性的公共图书馆系统,并为这一系统制订了一套活动管理计划。因此,他被称为欧洲的"公共图书馆运动精神之父"。在1859年出版的《图书馆论文集》一书中,第二卷后半部分为图书馆管理学,在这一部分中,爱德华兹把管理学内容规划为图书采购、图书馆建筑、分类编目、内部管理、公共服务等几大部分。这一知识体系结构同艾伯特、海斯的图书馆管理学知识体系相比,无疑有所扩大,从而也为19世纪末20世纪初的图书馆管理人员提供了当时最广泛、最全面的图书馆管理学的专业知识。

从传统的图书馆管理学知识体系可以看出,图书馆管理学与图书馆学并没有一定的学科界线,当时所提出的管理学知识内容、范围只局限于局部的管理活动与总结,并且这些局部总结是与图书馆学的理论、知识体系混为一体,尽管提出了某些具有现代意义的管理方法,但只是一种朴素的、实用的、经济的管理实践思想表现。因此,只能把它看作图书馆学和图书馆管理学的传统综合阶段,但无疑是现代图书情报学知识体系的知识与经验的积累与总结阶段,也是管理学的萌芽阶段。

(二)管理学理论对图书情报管理的影响

在第二次世界大战前,由于历史的局限和科学技术的落后,图书情报管理学还不可能从图书馆学中分离。在第二次世界大战后,随着科学技术的发展,图书文献数量激增,图书馆组织机构日益庞大、复杂化,加之随着情报工作的分离与发展,情报机构也日趋壮大。因此,图书情报管理逐步受到重视，从而逐步改进了传统的管理方法，并引进了其他学科新的理论和技术，促使了图书情报管理活动的内容、方法、手段诸方面的变革，特别是管理学理论的影响，客观上加速了图书情报管理知识体系的形成。

二、图书情报管理学学科体系中的知识元素

从图书情报管理学学科体系演化的历史可以看出，历史上的图书情报管理活动积累了经验知识；而现代管理学与图书馆学情报学的结合与交叉，开拓了图书情报活动的领域，形成了指导图书情报管理活动的理论基础知识元素群。随着理论上的探索，以及现代技术的广泛利用，组成了图书情报的计量管理、信息管理等应用技术方法知识元素群，由于这些知识元素之间的联系与结合，形式各种各样、纵横交叉，影响和决定着图书情报管理学的形态和功能，加之历史经验知识与现代理论知识的结合，因而形成了具有时代特色的理论体系。根据科学发展的客观规律，组成图书情报管理学知识体系的知识元素不是一成不变的，而是不断发展、不断丰富完善的。这些基本知识元素应是以下几个方面：

（一）图书情报管理学的理论知识元素

1.理论基础

作为一门学科，必然需要具备自身的理论基础。有关图书情报管理学的理论基础是一个尚待深入探讨的问题，从现实出发，应该包括以下几个部分：

第一，从图书情报管理学的性质来看，它是由管理学、图书馆学和情报学相互交叉、结合而形成的一门新型应用学科。因此，管理学、图书馆学、情报学自然成为它的理论基础部分。

第二，从图书情报管理学的实质来看，它是一个扩大系统功能的系统工程。作为系统工程，它的理论基础就是定性方面的辩证唯物主义和定量方面的应用数学。

第三，从图书情报管理活动的构成要素来看，它的构成要素是人、藏书、建筑设备、经费、时间、业务技术、信息、环境八个方面，这八个方面构成了管理活动中的基本单元，它们的联系带有横断性的交叉。因此，其基本要素的研究是探讨人与物、人与社会、人与信息等方面的关系及其运用规律，这就必须以指导研究"人和社会"等方面的学科为基础，即社会学、教育学、心理学等。从基本要素的联系和运动情况来看，要素的联系带有横断性的交叉，为了促进它们的联系，探索运动规律，必须要吸收横断学科的理论与方法，即系统论、信息论、控制论也必然成为图书情报管理学的理论基础部分。

2.理论原理

理论原理主要指的是图书情报管理学的研究对象，学科体系结构，学科性质，图书情报

管理体制结构,管理职能、规律、特点,管理思想发展,管理组织等。

(二)图书情报管理活动中的应用技术方法知识元素

1.内容

图书情报管理活动中的内容包括:①管理体制,包括管理系统结构、领导体制、部门设置等;②行政管理,包括人事制度、人力布局、人员素质、人员组织及建筑设备、后勤事务等;③业务管理,包括业务部门职责、业务标准、技术的规范、质量检验等;④信息管理,包括读者用户反馈信息系统、工作人员工作、生活信息档案、物质资源利用信息及这些信息的分析归类等;⑤法规管理,包括图书情报管理法规、工作条例、制度、细则、岗位责任制等;⑥政治思想管理,包括党政工作的配合、思想工作方法、职业道德、爱国主义思想教育等。

2.技术方法

图书情报管理活动中的技术方法包括:①计划管理法,包括各种计划的制订、计划实施程序、计划实施检验等;②计量管理法,包括图书情报的各类统计、统计方法、统计分析等;③经济管理法,主要指的是图书情报管理工作中的人力资源利用、时间效益计算、物力资源分配与节省及劳动计量、产品利用等;④系统管理法,包括系统管理模式、系统分析、系统工程法及计算机网络系统建设等。

三、图书情报管理学的体系结构系统

图书情报管理学的体系结构是表明图书情报管理学知识元素的结合方式,也是指示各知识元素内部联系与脉络的形式,从而决定着学科整体功能的发挥。

由于学科体系结构的层次性、整体性诸方面的要求,所以,图书情报管理学体系并不是其知识元素的一般表述和堆积,而是从研究范围、学科体系及多级层次等方面来说明图书情报管理学的内容。

所谓整体性是将图书情报管理的知识元素,按照其内容的规范和联系,组成一个科学的网络体系,促进理论与技术和方法的结合,即"学"与"术"的统一。然而,图书情报管理学的学科整体功能,又必须通过其结构的合理性和层次性来予以决定,没有层次分明的结构,整体只是混沌的原始状态。

图书情报管理学是一门应用学科,既有理论,又有技术方法,实践和技术性很强。"学"与"术"的结合,决定着学科体系是一个复杂的系统,它的纵横交织、多层次结构可描述如下:

(一)门类层次结构

图书情报管理学根据内容可分两大门类:一是理论图书情报管理学;二是应用技术图书

情报管理学。

理论图书情报管理学主要是研究图书情报管理活动的原理、思想、作用与规律的科学。在整个图书情报管理学体系中,它是经过总结、加工予以抽象的理论层次,处于一个特别级的水平上,是一个宏观结构层次。由于这一层次的知识门类,既有历史上管理活动的沿革总结,又有客观上的随管理活动的扩展而总结的理论知识原理。所以,它的知识门类结构主要是以动态运动形式来联系的。因而,构成理论图书情报管理学的知识门类为:图书情报管理学基础理论、图书情报管理发展史、图书情报管理学方法、图书情报管理学与其他学科的关系等。

应用技术图书情报管理学是图书情报管理学的体系结构中与社会实践联系最为紧密的部分。它一方面直接吸收社会管理、科学管理等方面的理论,另一方面应用图书情报管理学的原理知识,通过两者的结合来探索图书情报机构的共同管理技术与方法,为图书情报管理活动提供理论依据。构成应用技术图书情报管理学的主要知识门类是:一般的人事管理、业务管理及具体的计划管理法、计量管理法等。

(二)分支学科结构

在图书情报管理学的两大门类下,又可分为下一层次的许多学科。如应用技术图书情报管理学的一般部分就分有图书、情报法规、人事管理、行政管理、业务管理、信息管理、政治思想管理等。它们都以图书情报管理活动中某一特定方向作为研究对象和范围,表现了图书情报管理某一局部的内容,一般部分表现出各个局部、分系统的管理纵向深入,具体技术方法又表现了局部横向的联系。

(三)低层次结构

这里的低层次结构是指第三层次以下的结构层次,如计划管理法下可分为计划的编制、计划实施与检查、目标管理法等。

思考与练习

1. 简述图书情报管理学的研究内容包括哪些?
2. 试分析管理学理论对图书情报管理的影响。
3. 图书情报管理学的体系结构有哪些?

第三章　图书情报与读者服务

引言

图书情报与读者服务是当今信息社会中不可或缺的重要组成部分。在这个数字化时代，人们面临着前所未有的信息过载和多样性，因此，提供高质量的图书情报和读者服务至关重要。这一领域的重要性不仅仅局限于图书馆和图书馆学，它涵盖了广泛的教育、文化、社会和经济领域。

学习目标

1. 了解参考书阅览室的作用。
2. 熟悉图书流通服务的策略。
3. 理解期刊流通服务的内容。
4. 掌握参考咨询服务的程序。

第一节　图书阅览与流通服务

一、图书阅览服务

（一）文献阅览的特点

阅览室具有安静优雅的学习环境和良好的设施，为读者学习、研究提供了方便的条件。读者在阅览室里可以多种方式利用文献。有时读者只需查阅文献中和一个段落、一条数据、一个图表或报刊中的一篇论文，如果全部采用外借方法，即费时又费力。在阅览室里可以直接查询，就显得方便快捷。

读者在阅览室里可以利用许多不外借的馆藏文献，如各种类型的工具书、特种文献、现期报刊、古籍善本等。这对渴求知识的读者来说，具有极强的吸引力。

由于读者在阅览室里阅览的时间往往都比较长，因此，阅览室工作人员有更多的机会接触读者，观察和了解读者的阅读需要、阅读倾向和阅读效果，这便于有针对性地进行文献推荐,指导阅读,为提高阅览服务工作质量收集必要的参考信息。

在阅览室的服务环境中,由于室内文献阅读的交换频率高,在短时间内,相同的文献可以被多人利用,从而可以更充分地发挥馆藏文献的作用。

(二)参考书阅览室的作用

1.方便读者博览群书、满足读者急需

读者在参考书阅览室,通过直接与图书接触,能博览全书,开阔视野。不仅能熟悉某个学科的丰富内容,而且对相关学科、边缘学科也都能有所了解。这就激发了读者潜在的读书兴趣和阅读欲望,提高了读者阅读的积极性。

设立参考书阅览室,还能满足读者的急需,减少拒借。图书馆借阅书库的书特别是一些热门书、专业参考书等,复本量常常不能满足大部分读者的需求,且往往不能满足读者的急需,而设立参考书阅览室,则可缓解这一矛盾。因为基本书库的某种书可能全部被借出,但参考书阅览室的样本书总是存在的。即使不能借出,读者也可以在室内阅览,并且可以借助现代化的工具进行复制利用,可以满足众多读者的急需。

2.有利于交叉学科或边缘学科文献的利用

一般读者重视利用专业性较强的图书,对那些交叉或边缘学科的文献往往忽略。参考书阅览室藏书全、新、集中且又是按类排架,直观广泛地呈现在读者面前,扩大了文献间的宣传及影响面,拓宽了使用学科范畴,有利于交叉学科或边缘学科文献的利用。

3.可以弥补目录揭示图书内容的不足

图书馆的各种目录,都是揭示图书馆藏书、帮助读者查找所需图书的检索工具,但各种目录中的款目除图书的分类号、题名及提要项是揭示图书内容的,其他项目均为揭示图书的其他内容和外部特征。目前,随着出版业的发展,图书内容的广泛性与深刻性,光靠目录的揭示是不能充分了解图书内容的,尤其是近年来出版的文集、丛书选集较多,凭一项款目更不能了解书中收录了什么文章。设立参考书阅览室,这些问题就迎刃而解了,读者可以直接面对图书,了解书中的内容、信息,使"死"书变"活",起到了各种目录起不到的效果。

(三)图书阅览利用率统计

图书阅览室的图书阅览利用率统计可为图书采购提供较真实的反馈信息。针对图书阅览室的图书反复被利用的特点,可从以下几个方面做好图书阅览利用率统计工作:

1.设立阅览图书归还地点

针对读者在阅览室查看参考书的特点,往往是看了一本再更换一本,周而复始。因此,图书管理者应考虑给读者设立专门的图书归还地点,譬如,在藏书书架旁设立周转书架,再建立醒目的导还标志,引导读者养成良好的阅览习惯,将看完的书或离室时将所阅览的图书都归还至周转书架,由管理人员统一整理归架。一方面,可以避免读者不熟悉图书馆馆藏而乱插书;另一方面,工作人员可以维护与保持书架的整齐。

2.统计图书阅览频次

对于阅览室每天阅览的图书,如果不加以统计,那么对整个阅览情况只能有个初步的了解,例如,每年四、六级考试时期和考研时期、其他考试时期相关方面的参考书阅览次数会相对多些,但没有确切的数据。因此,为了确定图书阅览动态的具体信息,有必要利用图书自动化管理系统对那些阅览后归还的图书进行统计(例如,"汇文"图书馆管理软件就有图书计次的模块),可以对每本阅览的图书进行阅览频次的统计,记录下相关的信息,为图书馆管理和采购提供参考依据。

3.分析图书阅览动态

阅览统计是图书馆工作中一个重要组成部分,其原始资料是读者阅览过程中各种信息的真实反映和记录,图书馆员可从中了解到读者的阅读倾向和需求,以及阅读的发展趋势等,为改善图书馆的藏书结构提供科学的依据。通过对图书阅览数据的统计,可以发现长年沉睡不醒的"死书"现象,表明购书中存在的倾向性及图书购进与需求之间的矛盾,甚至对工作人员的工作成效、服务质量的高低也有反映。分析得出的结论,可为图书馆管理、领导决策、阅览室工作今后努力方向的确定提供重要的参考依据,对图书采购等工作也有借鉴意义。

二、图书流通服务

(一)流通工作的变化

随着信息时代的到来,许多图书馆管理实现网络化、检索联机化。面对计算机智能化管理,读者服务工作更加艰巨,质量要求更高,极具挑战性。

第一,实现了计算机管理。图书馆自动化、网络化的实现,简化了借还手续,节约了时间和空间。各个图书馆的管理系统可通过参数控制借阅数量及期限,有利于严格执行流通规则;可查询图书去向,办理预约登记手续;可提供续借、催还、过期罚款、流通状况及工作量统计等功能。

第二,实现了图书网上查询、预约、续借服务。网络环境下,图书馆通过网络提供图书的查询、预约、续借服务,读者不一定要到图书馆来,通过网络就能享受上述服务,大大方便了读者利用图书馆。

第三，借阅统计精确化。读者在借阅和归还两个环节上的行为方式，哪些内容的图书借阅量大，哪些书经常被续借，什么人在借书、借什么方面的书、续借情况等，都是通过管理系统可以调查掌握的信息。这为图书馆馆员细化管理提供了必要条件。它们是调整借阅政策，为读者提供最佳服务的依据，也是图书馆馆藏建设需要的重要参考数据。

(二) 图书流通服务的策略

下面以高校图书馆为例，探讨图书流通服务的有效策略。

1. 充分认识图书流通服务的重要性

流通工作是读者与图书资料之间的桥梁，是一项服务性很强的工作。众所周知，图书馆流通服务工作中的借借还还、上架整架、修补更换书标、读者咨询、指导检索，甚至违章处理、证件挂失等，看似简单却非常烦琐。就图书馆本身而言，一般有采购、编目、流通、阅览、资料、咨询等部门分工，但目的就是为了使图书资料更好、更快、更便利地转移到读者手中，这是要依靠流通服务工作才得以完成的过程。列宁曾经说过："值得公共图书馆骄傲和引以为荣的，并不在于它拥有多少珍本书，有多少16世纪的版本或10世纪的手稿，而在于如何使图书在人民中间广泛地流传，吸引多少读者，如何迅速地满足读者对图书的一切要求。"它蕴含了图书馆流通工作的本质和图书流通工作的重要性。

2. 提高图书馆员的业务素质

流通服务工作是直接接触读者最广、最多、服务性最强的一线工作，是文化的使者、精神文明的传播者。高校图书馆流通服务工作面对的服务对象主要是教师和学生，一言一行，对学生起着熏陶和教育的作用。一方面要求工作者增强服务意识、拓宽服务范围、提高服务技能，同时要树立文明服务、礼貌待人的服务意识。通过耐心、细致文明的服务，为读者提供优质服务，沟通与读者的情感。另一方面随着计算机网络信息处理技术的应用，图书电子化、数字化已经进入并不断拓宽到图书馆业务的各个领域，改变了服务的方式，影响着整个服务系统的变革；师生信息需求也日益增长，没有一定的文化技能是无法做好流通服务工作的。因此，只有不断更新知识、掌握技能、调整服务态度、提高自身的基本素质，才能适应新形势下图书流通服务工作的要求。

3. 把握图书流通工作的规律

图书馆的读者群体一般相对比较稳定，要满足他们的需求，除了要熟悉馆藏的分类体系、馆藏布局，掌握借还图书手续以及图书的数据维护等业务技能，还要求掌握读者的借阅规律，准确、有效地为读者提供所需的文献资料。这些规律主要有：

(1)读者对象的稳定性规律。高校图书馆服务的对象主要是本校的师生,教师群体比较固定;学生群体相对具有流动性,表现在由低年级向高年级,毕业生与新生入学的更替;高校的各专业学科设置和教学计划相对稳定,因此,提供读者需求的各类教学参考书及相应的知识体系的要求是经常的、稳定的。

(2)读者借阅的阶段性规律。教学工作的一个特点,在于它是按教学计划、教学大纲进行的,教学工作是阶段性的,开学、上课、考试、放假每个学期都要重复循环,一个阶段一个阶段有节奏地进行,这就形成了读者用书的相对集中和阶段性规律。

(3)借阅时间规律。高等学校的教学规律,使学生借阅图书在时间上具有阶段性和周期性。根据各院系、各专业、各学科教学工作的阶段性,平时,学生读者对资料的需求有显著配合教学进度开展借阅的特点;期中,学生读者备考学习紧张,专业类图书借阅明显多于文艺方面的书刊;放假前,流通服务工作进入繁忙阶段。总之,只有掌握读者借阅需求规律,借助网络平台,才能为读者提供最优质的服务。

4.充分利用馆际互借网络

随着图书馆自动化和网络化的不断发展,充分发挥网络的特点,通过馆际协作互动,实现资源共享是大势所趋。馆际互借是图书馆之间,发挥各自资源优势和特点,互利互惠,借助网络技术实现资源共享,实施广泛的协作活动。它可以实现跨地域、跨时空极大地方便和满足读者的需求。为此,要改变很长一段时间内,图书馆采取的"重物""重制度"的管理方式,在信息和知识年代,要充分发挥人的积极性和创造性,探索一些行之有效的"知识管理""技术管理"新模式,建立起完备的馆际网络体系,完善互借规章制度,使图书馆工作日渐深入地迈向现代化,切实提高读者的文化科学素质。

第二节 期刊管理与流通服务

一、期刊管理

期刊,也称杂志,是指有固定名称、每期版式基本相同、定期或不定期地连续印刷的出版物。它的内容一般是围绕某一主题、某一学科或某一研究对象,由多位作者的多篇文章编辑而成,用卷、期或年、月顺序编号出版。

(一)期刊验收与登到

期刊的验收是指对刚到馆的散本现刊进行检查的工作,而期刊的登到则是对陆续到馆的现刊进行的初步登记。期刊的验收与登到标志着期刊采访工作的结束。

1.期刊的验收

由于期刊采购的途径不同,因而验收的项目和重点也不相同。例如,邮发期刊验收时应该注意有无破损、是否少页或倒装、是否缺期和是否停刊、合刊或增刊等。如果是函购期刊,则要验收收件地址、单位,核对投寄方式,启封开包后要核对刊期,检查收到的期刊品种、复本、刊数是否与订数相符,核对无误后方可盖馆藏章。有时要对附件进行处理,附件通常是一些收据、订单、勘误表等。

外文期刊的验收方法与中文函购期刊的验收方法相同。

2.期刊的登到

期刊的登到就是指期刊到馆原始情况的记录,它可以为管理和利用查询提供第一手资料和依据。一般地说,期刊登到以年代划分,首先输入年代,然后是期刊名,确定属本馆预订的期刊,将其期数、份数登录,如果发现有错发的期刊或缺期的期刊,要及时联系,予以补充,以保证期刊的连续性。

(二)期刊装订

期刊装订工作是图书馆期刊管理的一项重要内容,也是由现刊向过刊过渡的中间环节。因此,对期刊装订原则的确定,时间的选择,厚度的规定,精装、平装、简装本的要求及装订过程中各项技术问题的处理等都直接关系到过刊的典藏、利用、开发及保存。

1.确定装订原则

由于经费和库藏的限制、期刊的使用价值和保存价值等因素的影响,不可能将每年订购的所有期刊都全部装订,即使经费充裕,也不允许那样做,这样,哪一部分期刊应该装订,哪一部分期刊不应该装订,就成为保存和利用期刊的关键问题。装订成册的期刊是否符合读者需要,又是衡量期刊管理工作做得好坏与否的一个重要方面。一般地说,选择期刊装订是在征订工作的基础上做进一步的资料选择工作。其基本原则应该与征订时选择期刊资料的原则相一致,从实际情况出发,根据图书馆所服务对象来确定,保证重点,照顾一般,才能使装订成册的期刊发挥更大的作用,充分满足读者的利用和需要。

2.选择装订时间

装订时间的选择是影响期刊利用的重要因素,所以装订时间应以避开读者利用高峰期为宜。例如,高校图书馆一般选择假期装订比较合适。假期学生放假,读者相对较少,学期结束前,做好过刊下架、清点、整理、造册等准备工作,放假即可送装订厂装订,尽量缩短期刊的装订周期,为读者争取宝贵的阅读时间。

3.保持期刊完整

装订期刊应考虑到期刊的连续性、系统性和完整性特点,根据形势、任务等的变化,及时适当地调整或增加一些新的期刊,对一直保持入藏的期刊,除非有特殊的原因,要防止漏装和停装的现象。一旦发现漏装的期刊,要及时地设法补齐,对停装的期刊,要经过慎重考虑,以决定取舍。期刊在装订之前,都要求其年、卷、期号的连续、完整,从而必须做到妥善管理现期期刊,注意防止漏收、遗失、污损现象的发生。有时由于出版发行和邮递渠道等原因,延误了读者对近期文献的充分利用,更要千方百计地联系、催促,为读者争取宝贵的时间。新刊到馆后,及时登到、整理、上架。发现缺期要抓紧弥补,不能等到装订时才发现、追查,这样,往往有些期刊就补不上了。补刊的途径可有多种,如查问各个发行出版环节,或写补刊信函,或利用馆际互借求援,或从私人手中收集等,以保证期刊的完整性。

(三)期刊典藏

期刊典藏是期刊内部管理中的最后工序,也是期刊管理中的重要环节。整个期刊管理都以期刊利用为出发点,而期刊典藏对于期刊利用具有最直接的影响,因为期刊典藏和期刊利用两个过程是反复交替存在的。当期刊静态地存放在阅览室和过刊库时,就是处于典藏过程,这时应该将期刊按照一定的排架方法,井然有序地排在期刊架上,便于读者快速地找到所需的期刊。当读者到期刊阅览室借阅某种期刊时,该期刊就由静态典藏转入动态利用,当阅读完毕或借后归还时,则该刊又立即由动态利用恢复到静态典藏。

要使有限的期刊在有限的空间内,最大限度满足读者的无限阅读要求,期刊工作人员必须对期刊质量、期刊结构、期刊布局潜心研究,不断改进和完善。通过实践观察及对期刊的利用统计可知,期刊的利用高峰是出版后的前3年,稍长为前5年,不同学科期刊的半衰期长短有别,社科文史类期刊半衰期较长,理工科期刊半衰期较短。一般而言,10年以后的过刊读者需求量相对减少。针对这种情况,图书馆一般将现刊和过刊分开展阅,过期的期刊放到过刊书库,并对过刊实行借阅一体化管理,过刊经过回溯书目建库,可实现全开架微机借阅,从而大大提高了过刊的利用率。而现刊大多数图书馆都没有利用计算机管理借阅,因为要通过计算机系统管理就需要对每期现刊贴条码或财产号等标识,工作烦琐且管理难度大。

期刊典藏的业务大体包括四方面:首先是根据全馆藏书布局和各典藏点的性质、任务、职能和各典藏点的期刊收藏范围和收藏重点、收藏特色,拟定各典藏点所收期刊的学科、文种、类型、层次和时间范围。其次是依据确立的典藏原则,分配各种期刊的典藏地点。再次是考虑各典藏点期刊的排架方法。期刊排架合理与否,影响到书库的科学管理和读者的查找速度、架位的有效利用、倒架周期的长短和期刊的系统化、有序化程度。最后是期刊保护和清点工作。

对于整个图书馆的期刊文献而言,期刊文献布局首先应从典藏分配原则、期刊库划分、文种区分等方面把握。

(四)期刊统计

期刊统计是用数字来定量反映图书馆期刊工作的实际情况,以便对期刊工作实行计量化管理,它是图书馆期刊工作重要的管理制度和管理方法之一。期刊统计包括期刊数量的统计、期刊服务的统计和期刊内务工作的统计等。

1. 期刊统计的分类

图书馆统计的目的是通过统计数字了解情况、发现规律、找出不足,从而改进工作,提高工作水平。统计的内容非常广泛,按照图书馆期刊统计的对象划分,可大致分为三大类:

(1)收藏统计。这类统计的对象是文献单元,包括期刊总种数、各学科种数、各文种种数、合订本册数、散本册数、完整种数、残缺种数、各年种数、各典藏点统计、交换赠送统计等。

(2)利用统计。这类统计主要了解期刊文献的利用情况,包括外借统计、内阅统计、复印统计和读者统计等。

(3)工作统计。这类统计侧重图书馆内部的业务统计,如期刊文献经费统计、出勤统计、工作量统计等。

统计分析的前提是对统计资料的整理,即对统计资料进行分组和汇总,再在此基础上进行分析、比较。在统计分析过程中经常要使用一些公式以计算数值。

2. 期刊统计的内容

图书馆统计的最基本内容有以下六种比率:

(1)文献利用率:指馆藏中被用户借阅的文献数量占全部馆藏文献总数的百分比。其计算方法是,用一定时间内用户借阅的总数除以馆藏总数,再乘以100%。

(2)文献流通率:指用于公开借阅的书库和阅览室的文献被用户借阅的数量所占的百分比。其计算方法是,用某库、某室在一定时间内用户借阅文献的总件数除以该库、该室所藏文献总件数,再乘以100%。

(3)用户到馆率:指平均一个用户全年到馆的次数。其计算方法是,用全年到馆的用户人次除以读者的实际人数,再乘以100%。

(4)用户阅读率:指平均每个用户所借的文献资料的数量。其计算方法是,用全年文献资料借阅件数除以实际借阅的用户人数,再乘以100%。

(5)文献拒借率:指用户在图书馆未借到的文献的数量占用户所要借的文献数量的百分

比。其计算方法是,将一定时间内用户未借到的文献总数除以用户所要借的文献总数,再乘以100%。

(6)文献保障率:指图书馆的馆藏文献量对用户文献需求保障程度的指标。其计算方法是,用馆藏文献总件数除以用户人数,再乘以100%。公共图书馆的用户人数以学龄以上的居民总人数为宜。

上述各类统计范围如果限于或侧重于期刊统计,统计出来的数据就可应用于期刊工作的分析研究,从而提高期刊工作质量。

3.期刊统计的分析方法

图书馆统计数据分析的方法主要有以下几种:

(1)分类分析法。即根据统计研究的目的和需要,对获取的统计资料进行分组统计,如将期刊文献和读者进行分类分析,读者可按年龄、知识结构、职称的比例进行分析。

(2)对比分析法。即通过对某一时期两个或两个以上有联系的指标进行比较,来说明同一期刊现象在不同时间、不同地点、不同单位间的对比关系。

(3)动态分析法。即利用绝对数、相对数和平均数来分析某一期刊现象在较长时间内的变化、发展趋势和发展速度。例如,通过分析一段时期内期刊管理人员构成情况的动态变化、期刊使用经费增长率、期刊价格上涨率等来分析期刊发展及管理的规律。

(4)结构分析法。这种分析方法是在统计分组的基础上,计算部分占总体的比重,从而反映图书馆内各种结构的发展变化。例如,将经费情况进行统计分析,就可对期刊使用经费占图书资料总经费的比例、各类期刊使用经费比例等进行分析。通过分析即可掌握期刊经费投入及需求的详细情况。

总之,科学准确的统计数字对于改进期刊工作意义重大。但需要注意的是,在现实工作中,由于种种原因,统计工作尚未引起足够的重视。

二、期刊流通服务

(一)期刊阅览服务

1.期刊阅览概述

期刊经过验收、登到后,就放到现刊阅览室按一定顺序上架供读者阅览。期刊阅览应制订阅览室守则,包括用户阅览规则和阅览室管理规则等。用户阅览规则又分为用户登记、阅览办法、赔偿规定等。阅览室管理规则要明确馆员如何接待用户和管理期刊,规定服务内容、服务对象、服务时间和标准等。

现刊阅览室实行开架阅览有助于发挥读者探索知识的能动性,充分开发和利用馆藏期刊资源。增加期刊的针对性和实用性,延长开放时间、合理布局是提高期刊利用率的有效措施之一。在期刊的管理制度方面,图书馆在藏刊布局上,要以读者少跑路为原则;在使用上,要以方便取放为目的;在管理方式上,要以手续简便为手段;在阅览环境上,要利用现有条件最大限度为读者创造以"静与净"为目标的舒适阅览环境;在期刊导读服务上,要求期刊工作者要了解读者,熟悉期刊,以满腔热情的服务态度和出色的服务质量,千方百计地满足读者需要,促进期刊利用率的提高。

现刊阅览室的布局应合理安排,有的阅览室采取期刊架围绕座位的排法,有的则期刊架集中排列,原则上应以方便读者查找资料为目的,根据各馆的具体情况而定。现刊阅览室架上期刊的排列顺序,以分类和字顺为主。分类又有粗分大类和细分小类两种。粗分大类是对现刊区分其一级或二级类目,同一类目再按种次号排序,如 J2、F13 等,由于有的新订刊物未分编,也就没有索取号,只能由现刊阅览室管理人员粗分大类,采用这种分类方法的图书馆较多。细分小类是对期刊分类一步到位,期刊按分类排序的依据是分编人员给各种期刊所取的分类号,甚至完整的索取号(包括分类号和刊次号)。

2.期刊阅览工作的策略

第一,树立现代期刊服务意识。期刊文献只有被利用才体现出信息的价值。因此,图书馆期刊工作者应强化期刊服务意识,充分开发和利用现有的资源,更好地为教学科研和经济文化发展服务。新世纪期刊工作者应促使期刊工作从传统的文献服务方式向信息服务方式加速转化,使期刊服务内容更加全面,并达到广、快、精、准,服务效果更为显著,既避免了过去期刊资源浪费的问题,又能改变传统的期刊服务方式无法满足读者对信息需求的落后状况。

第二,加强管理,细致工作。期刊阅览室要建立科学严谨的规章制度,规范工作人员和读者的行为规范和阅览规则,使工作有章可循。要降低期刊丢失、破损、乱架现象,期刊工作人员应加强管理,每班常巡视,常整架,对破损期刊常补常修,提高期刊的使用率。现刊阅览室每天都会收到新刊,新刊收到后应马上查验、登录、上架,尽快让读者阅览。图书馆一方面要加强爱护期刊的宣传教育,另一方面要对违规行为加以处罚。工作人员要熟悉了解期刊,注意对期刊信息的揭示和对优秀期刊的宣传导读。

第三,与读者进行感情沟通。期刊阅览室管理人员除了要为读者提供良好的读书氛围和舒适优雅的读书环境外,更主要的是沟通管理人员与读者的感情。前者是"硬件",是一些外在的、表露的、比较容易做得到的事情,而后者则是"软件",是一些内蕴的、更深层次的、往往易被人们所忽视而又难于做到的事情。"软件"的好坏与管理人员的综合素质、服务意识和服务水平有着密切的关系。管理人员只有设身处地地想读者之所想,急读者之所急,全身心地投入服务工作,千方百计地满足读者需求,才会自觉地去提高自身的业务水平,增强服务意识,并且不断地拓宽服务范围,提高服务质量,提高期刊阅览室的工作效率及馆藏文献的利用率。

第四,创建纸质期刊与电子期刊兼容的复合型阅览室。与传统的印刷型期刊阅览室相比,电子阅览室有着明显的优势,传统的手工检索已由计算机代替,读者可以通过计算机上网检索和浏览电子期刊,而且快捷方便。但是,印刷型期刊尚不能全部数字化,而数字化的网络文献信息资源也不能完全涵盖印刷型文献。因此,创建兼有纸质期刊和电子期刊的复合型阅览室,也许是在由前者过渡到后者的转型期内的一个最佳选择。目前,大多数图书馆都是纸质期刊阅览室和电子阅览室分别管理,没有进行整合管理,如果能在以纸质型期刊为主的阅览室的座位席上,设置一定数量的网络接口和网络终端,供读者上网检索电子期刊,将极大地方便读者,纸质期刊与电子期刊的互补效果也会更为明显。

第五,实行"代书板"制。大多数图书馆的期刊阅览室实行开架阅览,为了防止期刊乱架,很多馆实行"代书板"制,即读者进入阅览室,要用借书证换一个"代书板",每次只允许取一种(或1~3本)期刊,取后把"代书板"放在该刊的架位上,阅览后放回原位,这样做可有效地防止乱架,降低期刊破损率,大大提高书刊的利用率。同时,"代书板"也是统计读者人数的一项措施。因为通过对期刊收藏、开发和利用的统计分析,可揭示读者的阅读要求、读者分布和期刊利用数据,有助于改进服务,完善科学管理,从而节省读者的查找时间,简化手续,方便读者。

第六,注意阅览室座位的管理。目前的阅览室大都实行开架阅览,但具体管理方法又有区别,有的允许读者带书包进阅览室,有的不允许。一般来说,图书馆的阅览室主要是供读者在室内浏览馆内期刊,不是供读者自修的,因此不适于让读者带书包入室。否则的话,有的读者会占位自习,致使其他要入室浏览期刊的读者没有座位。也可以实行读者按号就座,发现座位闲置超过一定时间,则重新分配该座位,以此来防止读者占位。

(二)期刊外借服务

期刊的外借服务,是指图书馆允许读者将部分期刊借出馆外自由阅读的服务方式。在期刊的读者服务工作中,期刊流通一直实行"内阅为主、外借为辅"的方针,但近年来外借工作得到重视和发展。

1.期刊外借服务的必要性

关于期刊是否外借,既有反对外借的观点,也有主张外借的主张。一般说来,图书馆应采取内阅与外借相结合的方法开展期刊的流通工作。

期刊服务过去总体上倾向于只提供阅览,不外借。近年来更强调提高期刊的利用率,过刊倾向于以外借为主。但考虑到期刊的连续性,期刊外借应加强管理,借期宜比图书借期短。外借册数也应加以限制,少于图书外借的册数(如3册以内)。现刊由于流通率高,且较易丢失损坏,考虑到期刊的连续性,丢失一期就无法配套装订,因此仍以内阅为主。但有的认为过期的现刊也可外借。

期刊是图书馆藏书的重要组成部分,其社会作用随着社会发展和科技进步,日益得到读者的重视。开展期刊外借服务,有利于提高馆藏过刊的利用率,使期刊资源充分发挥其效用。

实行期刊外借服务,是深化图书馆期刊借阅工作的重要环节,也是期刊借阅工作发展的必然趋势。图书馆管理人员必须从思想上冲破多年来形成的"图书供外借,期刊供阅览""重书轻刊"等传统观念的束缚,充分认识到,将"馆藏"转变为对社会进步有益的"宝藏",是改变封闭型图书馆为开放型图书馆的根本所在。

2.过刊合订本的外借

目前,大多数图书馆自动化集成管理系统的设置,各类文献的流通都在流通子系统中进行,每种文献除编制MARC数据外,每册过刊合订本需分配一个条码号,然后交送到中央馆藏库后才能流通。

过刊外借应如同图书一样,借还时通过扫码枪扫描条码,读者借还信息存入图书馆自动化管理系统,计算机可根据要求对这些借还信息从多个角度进行检索排序,如按照借阅证号、读者字顺、期刊题名、期刊索取号、借还日期或应还日期等排序。

手工操作的图书馆,外借记录要分别按借阅证号等顺序排列,有的只按一种方法排序,有的按两种方法,有的按三种方法,也就是人们通常所说的单轨制、双轨制或三轨制。但是运用计算机进行期刊流通管理的图书馆,利用计算机的一次输入、多次输出功能,可实现多种检索入口的自动排序。

3.期刊借阅的开架与闭架

期刊的借阅模式,可分为开架借阅、闭架借阅和半开架借阅。

开架借阅,就是允许读者入库直接从架上选取期刊的借阅体制。开架借阅使读者无须确认索取号,就可根据类目自己选择期刊,读者广泛接触藏刊,可以对其进行自由翻阅,还可以了解到一些原来不知道的期刊,提高了阅读的兴趣,避免了闭架时那种只知道刊名而不知道内容的盲目性借阅,从而提高过刊的利用率;同时,由于读者借阅范围广,大大降低了拒借率,而工作人员可腾出时间进行书库管理与阅读辅导。开架的缺点是容易乱架、丢失和破损,不利于藏书保护。开架借阅的阅览室体系可分为自由开架式和安全开架式两种类型。自由开架即读者可直接挑选期刊,就地阅览,阅览与库藏都在一个空间;安全开架即读者可直接进库挑选期刊,但需到阅览座位上阅读,阅览室与库藏为两个相连的空间。

闭架借阅,就是不允许读者入库直接从架上选取期刊,必须通过馆员提取才能借阅期刊的借阅体制。此法易于保持书架的整齐,减少期刊丢失,但直观性差,借还手续复杂,并容易造成读者与工作人员之间的矛盾。

半开架借阅,是一种介于开架与闭架之间的借阅体制。图书馆利用陈列展览的形式,将期刊陈放在安有玻璃或金属网的书架里,读者可以直接看到期刊,但不能直接取,必须通过工作人员提取,目前这种借阅方式较少。

无论是期刊阅览或期刊外借,都存在开架或闭架的问题。传统的图书馆以保存文献为主,大都实行闭架借阅,现代图书馆管理强调文献的利用,把重藏转为重利用开发,因而由闭架借阅转向开架借阅。

4.期刊外借服务的举措

第一,制定合理的规章制度。规章制度的基本内容应包括每次借阅的种册数、借阅期限、借阅办法及必要的检验与罚款赔款等。很多图书馆对不同类型的读者进行区分,如有的高校分为教授、一般教师、研究生和本科生等层次,不同读者的借阅文献范围、册数和借期有不同的规定。期刊外借不同于馆内阅览,一旦借出,工作人员就无法监督,对期刊的爱护全凭读者的自觉。这样,对外借期刊的保护就靠执行合理的规章制度了。总之,期刊外借制度要体现"短""快""严",即借期短,保证流通周转快;严格管理,保证期刊外借的良性循环。

第二,期刊短期外借。期刊短期外借具有独特的优点。近年来,期刊短期外借已在一些图书馆悄然兴起。期刊短期外借的主要特点是,借阅期刊周期短,转换读者周期快,针对性与实效性较强。有的馆采取室内阅读与短期外借相结合的办法,即"现刊仍不外借",固定放在阅览室供大家阅览,当新刊到馆后,上期的期刊即进入过刊室,可以外借。此法既可克服过去期刊不准外借的缺点,又可保证读者能及时阅读到最新的期刊。

第三,编制期刊目录或提供OPAC检索终端。图书馆期刊外借一定要有健全的期刊目录,以方便读者检索。手工管理的图书馆,除设置刊名目录外,一般需另配备分类或主题目录。采用计算机管理的图书馆,应提供网上OPAC,让用户在馆外也可上网查询。另外,要尽量提供期刊联合目录检索平台。

第四,教育与适当处罚相结合。一方面要大力宣传教育读者爱护期刊,另一方面也要批评、处罚那些不爱惜期刊的行为。过去规定期刊不允许外借,一是怕损坏,二是怕遗失,实际上这是因噎废食的做法。只要在期刊外借时和归还之际,由有关工作人员向读者细心交代注意事项和认真检查是否损坏或遗失,就能对读者产生潜移默化的影响,起到立竿见影的教育作用,存在的问题一般大都可以得到解决。对于个别读者把自己认为有重要参考价值的材料撕去或整期占为己有,不愿归还,应按章罚款,严重者通报批评。

此外,为了方便读者,简化借刊手续,克服混乱,达到严格管理的目的,宜采用严格管理与方便读者借刊相结合的办法。过刊库应设置架标,并经常巡视、整架。同时,也要为读者提供方便的复印条件。

第三节　参考咨询服务

参考咨询工作是图书情报工作的重要内容之一,能反映一个图书馆服务的层次。计算机网络技术的发展,使传统的咨询服务受到了冲击与挑战,出现了在线咨询、实时咨询、互动咨询、可视咨询等新模式,再加上近年来出现的学科导航、信息共享空间,现在的参考咨询工作呈现出了实时、动态、便捷、高效的特点。

一、参考咨询概述

(一) 参考咨询的概念

1876年,美国的塞缪尔.S.格林(Samuel S. Green)在《图书馆员和读者之间的个人关系》一文中,主张"读者自身缺乏熟练地使用图书馆目录和查找资料的能力,所以图书馆员应该给予帮助"。这是"帮助读者"(参考咨询服务)的最早倡议。一个多世纪以来,图书馆参考咨询的内涵和外延,如同其称谓一样也发生了变化,归纳起来主要有:①从最初的"帮助读者",发展到当代的"情报(信息)服务";②从传统的多着眼于"帮助读者使用馆中庋藏",发展到今天的注重"提供适当的信息源",强调"知识信息转移";③从早期强调"直接的、亲自的帮助",发展到后来的"包括直接服务和间接服务";④从以往的"手工检索"服务,发展到当代的"计算机检索"服务和"网络参考咨询"。

参考咨询的内涵、外延乃至术语,在不同时代、不同国度有着不同的理解和表述。《中国大百科全书·图书馆学 情报学 档案学》中的经典表述为:"参考咨询是图书馆员对读者在利用文献和寻求知识、情报提供帮助的活动。它以协助检索、解答咨询和专题文献报道等方式向读者提供事实、数据和文献线索。有些国家的图书馆参考咨询服务甚至还包括解答读者生活问题的咨询。"参考咨询工作的实质是以文献为根据,通过个别解答的方式,有针对性地向读者提供具体的文献、文献知识或文献途径的一项服务工作。

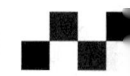

(二)参考咨询的内容

1.常规参考咨询内容

一方面随着社会经济和科学技术的发展与进步,社会信息化程度日益提高,信息需求日益迫切;另一方面图书馆的服务观念也在不断更新,促使参考咨询服务的内容进一步发展和扩大。目前,大型图书馆的常规参考咨询服务主要开展下列几方面的工作:

(1)解答咨询

解答咨询在英语中称"Questions-Answers",所以也称"问答性咨询",就是对读者提出的一般知识性问题,如事实、数据等,通过查阅各种载体的工具书及有关的书刊资料等,直接给予答复;或者指引读者自己查阅有关的工具书及其他书刊资料,求得问题的解决。有时也称之为"事实型咨询"或"指引型咨询"。其咨询的方式有口头、电话、电子邮件和网上咨询等。对于一些常见问题,不少图书馆通过设置咨询台或开展FAQ(Frequently Asked Questions,常见问题解答)服务来解决。

(2)书目参考

书目参考是对读者提出的一些研究性问题,如专题性、专门性研究课题等,通过提供各种形式的专题文献目录索引,供读者查阅所需文献资料,以解决有关课题的咨询。由于它不直接提供具体答案,只提供文献线索,作为解决有关问题时参考,所以称为书目参考,或称专题咨询。对于一些未经提问或常设的课题,不少图书馆通过编制专题目录、索引与文摘,主动提供文献信息,开展书目信息服务,成为传统参考咨询服务的一项重要内容。而网络参考咨询服务中的"学科导航""本馆资源导航"以及书目数据库建设,则是网络环境下的"书目参考"服务。

(3)信息检索

信息检索是指将信息按一定方式组织和存储起来,并按需检索出有关信息的程序、方法和过程。信息检索按检索手段可分为手工检索和计算机检索(光碟检索、联机检索和网络检索)等;按检索对象可分为文献线索检索、数据检索和网上信息检索等;按服务项目可分为一般课题检索、定题服务检索、查新服务检索等。传统的信息检索以文献线索检索为主要内容,目前的信息检索以数据库检索和网上信息检索为重要组成部分。"网络导航""学科导航""本馆资源导航""学科信息门户"和"特色库"等,是新时期信息检索的重要工作内容和信息检索资源。关于信息检索本书第五章有专门的介绍。

(4)情报研究

情报研究也称"情报调研服务"或"决策咨询服务",即根据用户的特定需要,为用户搜集、处理、研究和提供情报信息。这是一种高级形式的情报服务,也是一项专业性、学术性、智力性和政策性很强的情报服务。它将搜集的大量的一次和二次文献进行分析研究,归纳整理,用综述、述评、专题总结、研究报告、设计方案、预测等形式的研究成果提供给用户。情报研究的范围很广,诸如科学技术、政治、经济、军事国防等均可涉及。情报研究的类型大体可分为战略性情报研究和战术性情报研究,前者为用户制定政策、规划和进行决策提供有材料、有数据、有分析、有建议的战略性情报信息;后者为用户的重大项目和课题提供论证性、对策性和方法措施等战术性情报信息。公共系统、科研系统和高校系统有不少图书馆为党政、领导机关的重大问题决策提供了信息支持,为科研部门和企事业单位的重大项目和课题论证提供了信息服务。同时,平时编制的参考信息资料,如《决策参考》《信息与反馈》《城市工作信息》《科技参考信息》《国际学术动态》《企业参考信息》等,是行之有效的服务形式,可充当领导机关和企事业单位的"耳目""参谋"。

2.专项咨询服务内容

专项咨询服务系指图书馆针对某一专题向用户提供的专门服务,包括提供原始资料以及书目、文摘、索引等文献线索,或专题综述、述评等三次文献以及其他形式的信息服务。这种服务的对象可以是单向的,也可是多向的,服务方式可以是主动的,也可是被动的。例如,按某个用户要求代为检索某个课题,是一种单向被动服务,而定期编辑出版专题书目,就是一种多向主动服务。为了有效地提供专项咨询服务,参考咨询员不仅要有检索知识和技能,还要有一定的专业知识和素养,必须借助多种检索工具,搜索多种信息源,采用多种服务手段,也需要阅读较多的文献,花费较多的精力,这是图书馆参考咨询工作信息化的一个重要体现。专项咨询服务的主要形式有:

(1)课题检索服务

课题检索指信息用户不提供具体的文献出处,由参考咨询员根据其特定要求对某一课题进行文献的搜寻查找。掌握课题检索的方法和要领,是参考咨询员的基本功,也是深化咨询服务的基础。

(2)定题信息服务

定题信息服务(SDI),即"信息的选择性传播",是图书情报机构根据一定范围内的用户对某领域的信息需求,确定服务主题,然后围绕主题对信息进行的搜集、筛选、整理,以定期或不定期的形式提供给用户的一种服务方式。

定题信息服务的选题可由咨询人员主动选定,也可根据用户的要求确定。自行选定服务题目,首先要进行充分的调查研究,搞清三个要素:①需求。定题服务选定的项目应有较强烈、较迫切的信息需求,一般为重要科研项目,或生产中的关键技术,或与地区的特色能紧密结合起来的。②信息资源。定题服务要求提供的信息量多而集中,具有连贯性,因此必须搞清自己的"家底",看看馆藏资源是否具有这方面的优势,是否具备必需的检索手段。③人力资源。参考咨询员是否有能力承担这项工作,包括具有与选题相关的专业知识和针对课题进展的不同阶段灵活主动地提供服务的技能。

服务专题一旦确定,参考咨询员要尽力围绕专题内容全方位地搜索、跟踪相关文献。定题信息服务提供的结果,按照用户需求可以是检索出来的最新的原始文献,也可以是相关期刊的每期目次,咨询人员自行编制的专题索引、文摘等二次文献,或综述、述评等三次文献,以及译文、调研报告等。

定题信息服务适合于信息量小、服务对象少的传统图书情报机构。它曾一度受到广大科研人员的欢迎,但传统的定题信息服务有一些不尽如人意的地方,比如:服务周期较长、资源相对不足、交互性差、服务对象少。

定题信息服务虽然在较高层次上体现了传统图书情报工作的生存价值,但随着数字图书馆的问世和发展,用户可以直接从网上获取信息,传统的图书情报服务变得越来越不重要。Internet上信息泛滥,获得信息容易,但获取准确信息难,而一些科研、学术型用户则迫切地需要针对性强、质量高、及时主动的个性化信息。

(3) 个性化信息服务

个性化信息服务是指在数字图书馆这个特定的环境下为用户提供的个性化信息服务。数字图书馆的个性化信息服务是通过网络,针对不同的用户采取不同的服务策略,提供不同的服务内容,来满足用户的信息需求,其宗旨就是尊重读者的需求和选择,体现读者之间的区别,并据此提供不同的信息服务。

个性化信息服务是通过两个方面来实现的:一方面,个性化信息服务不单利用用户浏览模式和个人兴趣相结合的方法,还根据用户对推荐结果的评价来获取用户信息需求偏好,为用户主动提供符合单个用户或用户群需求的所有信息,提供最贴切的信息服务,预测可能的个性发展。另一方面,根据收集的用户的查询请求和用户个性特征,对查询结果自动排序、分类和聚类,以个性化方式显示给用户,能实现在相同或相近的信息资源中,对两个不同用户的相似要求返回不同的信息结果,即存在一定程度的个性差异。

(4) 决策咨询服务

决策咨询服务是参考咨询员为信息用户在一些重要事项的决策形成过程中提供的信息咨询服务。这种服务有别于如美国兰德公司、日本三菱综合研究所等一些社会咨询机构所提供的"智囊型"决策咨询服务,它所提供的信息针对决策所涉及的许多方面,对决策产生间接的支持作用。它的功能体现在能够丰富决策人员内在的信息储备,使这些信息在决策过程中产生强大的渗透力。

决策咨询服务要求参考咨询员围绕咨询项目进行全方位的信息资源扫描,在全面、准确地进行搜集的基础上做出筛选、提炼,以高度浓缩的信息作为咨询答案。因此,决策咨询服务往往超越传统咨询服务的功能。它不仅是文献与读者之间的媒介、信息与用户之间的桥梁,从某种程度上说,咨询答案还是咨询人员的研究结晶和智力成果。

(5)专题文献加工

专题文献加工是指将有关专题的原始文献编制成二、三次文献,尤其是编制成书目、索引、文摘等二次文献。根据读者的需要和馆藏文献的特色,主动选题编制专题书目索引,进行馆藏资源开发,帮助读者查找利用专题文献,这是参考咨询部门传统的经常性工作之一。

专题书目索引的编制,一是要"专",要紧紧围绕主题;二是除了揭示本馆收藏外,还应提供见诸于记载的全部文献。这是参考实践中二次文献编制工作与书目部门编目工作的区别所在。专题书目索引具有针对性强、编制快、信息时差小的特点。实践表明,编制以"篇"为揭示单元的报纸期刊论文索引,比以"本"为揭示单元的书目更受读者欢迎,尤其是报道经济、科技等时效性强的信息。

近年来,信息技术的高速发展为文献加工服务注入了新的内容。一些图书馆参考咨询部门对馆藏资源进行加工后,将其制作成数据库,供读者在网上查用,使参考咨询工作成为数字化图书馆的一个有机组成部分。

(6)专题文献展示

作为参考工作方式之一的专题文献展示,与一般的宣传性或纪念性的书展不同。它的主要目的是通过向信息用户集中展示图书馆在某一专题领域的馆藏资源,供他们信手翻阅、使用,以及当场复制、照相,使他们能集中地获得一批相关信息,这是一种主动的、多向的信息咨询服务。

这种文献展示一般通过两种方式进行:一种是在馆内展示,即将有关专题的各类馆藏文献,包括图书、期刊、报纸等集中在一起,在馆内搞一个小型的展览会。对这种展览会的布局和设计不必过于强调艺术性,但所展示的文献应按分类或主题作有序排列,便于读者浏览阅读。另一种是在馆外进行,可与各种学术团体的研讨会、年会等学术活动相结合,也可赴某一单位某一地区结合他们的需要和特色进行。一般来说,在馆外办展览所选的专题更为专深,展示的文献更为精要,着重于新书新刊。

二、参考咨询程序与业务管理

参考咨询服务是一项知识性、技术性很强的工作,而且是一项创造性的活动,没有固定的、现成的程序与范围可言。但在技术操作过程中也有方法规律可探索,人们可以在参考咨询实践的基础上,总结出解答咨询的一般程序与业务管理技能。

（一）参考咨询的程序

所谓"参考咨询的程序"，即参考咨询馆员答复用户咨询问题所采取的所有步骤的总和及过程。参考咨询服务是一种人际信息交流的程序，是一种知识信息的转移与运动过程。从宏观上说，它是由"社会（用户）⇌参考咨询员⇌文献信息源"构成的信息交流系统；从微观上说，它是由"咨询问题⇌参考咨询员（检索工具）⇌咨询结果"构成的咨询检索系统。因此，答复咨询的过程，实质上是在咨询问题与文献信息源之间建立有机联系的过程，也即从分析咨询问题出发，利用一定的检索手段和方法，检索到所需文献信息资源的过程。参考咨询一般必须经历下列程序：

1.受理咨询问题

受理用户的咨询问题是检索文献信息资料、解答咨询问题过程的起点，但真正的解答咨询活动是从参考咨询员通过"参考面谈"确定咨询问题开始的。

"参考面谈"是参考咨询员与用户之间的一种有目的的对话与交流，参考咨询员需要像善于回答用户提问那样善于向用户提出问题。能从最不明确和最一般的要求中提炼出用户真正需要的、明确的咨询观点，这是咨询服务的一种技巧，也是参考咨询员的一种能力素养。搞好"参考面谈"，除文化素养之外，服务观念和服务态度很关键，"亲切"是第一要求。有时参考咨询员的脸部表情能够大大影响用户提问的积极性及回答参考咨询员询问的态度。

所谓确定咨询问题，是指弄清咨询意图，把握住咨询问题的内容以及了解用户的一些情况。确定咨询问题主要包括：弄清咨询的目的要求、具体内容，咨询问题与文献信息资源的关系，用户已掌握的情况及已做过的检索，用户的一些情况。确定咨询问题的过程实际上是一个调查研究的过程，主要向用户做调查，与用户一起进行讨论，要做到"一听""二问""三反述"，以弄清其咨询需求。

2.分析咨询问题

咨询问题确定以后，紧接着就要对咨询问题进行深入的分析。通过分析，明确检索文献信息资料的范围，确定文献信息检索途径和方法，乃至从分析中发现文献信息资料的线索。分析咨询问题主要就是分析咨询问题的性质、范围、检索角度和检索点。同时，参考咨询员分析咨询问题的过程实际上是一个学习与思考的过程。

3.查检咨询问题

查检咨询问题是利用一定的检索手段和方法，将咨询问题与文献信息资源建立有机联系的具体实施环节。它要求参考咨询员在分析咨询问题的基础上，根据已确定的检索策略和方法，选用有关的检索工具进行具体的查考与检索。

4.答复咨询问题

答复咨询问题是参考咨询员向用户揭示查检咨询问题的结果、实现咨询问题与文献信息资料有机联系的最后程序。它要求参考咨询员将收集到的文献信息资料,经过鉴别、筛选和整理,采用一定的方式答复用户,揭示查检咨询问题的结果,以最终完成传递知识信息的任务。答复咨询问题的形式有:直接提供具体的文献信息资料,提供文献资料线索,提供原始文献资料,指引信息源。

答复咨询问题要注意准确性和客观性。所提供的答案,必须来自有关的权威检索工具或直接查阅原始文献资料,切忌主观臆测、估计和想象。所提供的资料要注明出处,以便用户进一步查阅或引用,并且要注意信息反馈,了解用户根据参考咨询员提供的文献信息资料是否解决了问题,解决了哪些问题,还有哪些问题没有解决。必要时可再次查检,直到完全解决问题、用户满意为止。

(二)参考咨询的业务管理

参考咨询的业务管理包括工作记录统计、建立咨询档案和参考咨询的评价等。

1.工作记录统计

参考咨询工作的记录,首先要有记录参考咨询工作的日志,其次是对咨询内容进行详细的记录。

参考咨询工作的日志是对实际工作进行记录的册子。一星期工作报告或者当月工作报告一般是以这些小册子上所记录的原始数据和事实作为基础资料。可以通过这些日志来了解参考咨询部门的工作情况,它被作为今后改善工作的依据。因此,为了使日志的记录能很容易地整理和分析,就要事先对日志设定栏目以便记录各种必要事项。参考咨询部门日志里应该包括:参考咨询服务方面事项、读者方面的事项、接待咨询的工作人员记录事项、设施和设备记录栏、信息源的记录事项和联机检索服务记录等。这种咨询记录可一式两份,给读者一份,另一份留在馆内,分类编排,这是图书馆积累资料的一种重要方式。

在咨询服务的记录中,有一些较简单的记录事项,如读者共咨询了几个问题等,这种提问次数的记录,可以在参考咨询部门日志中记录进去。不过,一般来说,这种有关提问次数等的简单记录,还是另行记录为好。

参考咨询记录有其独特的使用目的,特别对那些还没有充分建立参考咨询服务的图书馆来说,就更有参考价值。如果能动态地记录咨询服务的实际情况,就可以获得参考咨询服务的真实数据,可以作为建立咨询档案、衡量和评价的基础数据。

然而,如果一边做咨询回答的处理,一边做记录,可能会妨碍工作流程的流畅,特别是咨

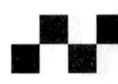

询业务较集中的图书馆,担任咨询的工作人员忙于接待一个接一个的读者的咨询,有时候连简单地记录咨询件数的空闲都没有,因此那些工作繁忙无暇每天做记录的图书馆也可以定期设置一个回溯调查日来进行记录。

虽然对参考咨询记录的必要性有一定的认识,但由于现阶段对如何记录咨询问题还没有现成的答案,对如何统计这些数据等也有个统一标准的问题。

2.建立咨询档案

建立咨询档案是为了记录咨询问题、检索过程和使用情报的经验。咨询档案来源于咨询实践。从读者提出咨询、馆员受理咨询到最后得到解答,要产生大量的记录,来记录读者咨询课题的时间、内容、目的及获得解答的情况,即提供文献目录、解决问题效果以及遗留问题等信息。以后有其他读者提出类似问题时,咨询人员就可以从咨询档案中获得查找线索,有时甚至无需再付出多大努力就能为咨询者提供问题答案。完备而系统的咨询档案对于咨询馆员总结经验,改进工作,探索规律,提高服务水平具有指导意义。过去,一般都要求读者填"咨询记录单",把以上所说的内容一项项填进去。现在可尝试着应用微软的 Access 数据库建立咨询档案,从而免去统计、查询的烦恼,更充分地发挥咨询工作的功能。

3.参考咨询的评价

参考咨询的评价是指对参考咨询服务工作做出定性或定量的评价,以检查发现参考咨询服务中的问题,促进工作的改进,提高服务的质量。这是参考咨询部门的一项重要行政管理工作。参考咨询服务工作评价通常针对参考信息源、参考咨询员和咨询服务三个方面进行,其评价工作主要依据咨询档案和读者的反馈意见。参考咨询服务评价必须制定科学、实用的评价标准。随着现代信息技术的应用,参考咨询服务评价还有可能实现定性与定量相结合的方式。

第四节 信息共享服务

20 世纪 90 年代初,国外一些大学图书馆为满足用户需求,采取重新配置图书馆的物理空间、整合服务联结信息资源、提供技术和研究帮助等新的服务传递模式,运用综合的、动态的方式为用户创造一个合作的学习、工作空间,即建立了开放存取环境下的信息共享空间(Information Commons,以下简称 IC)。目前,IC 已成为图书馆参考咨询服务的一种新形式。

一、信息共享空间简介

(一)信息共享空间的概念

IC 的中文译名为"信息共享空间",此外还有"资讯厅堂""资讯廊""信息共有""信息共享""信息共享中心"等译法。

信息共享空间在图书情报界还是一个比较新的概念,目前还没有一个统一的定义,不同的学者和专家所研究的侧重点不同,给出的定义也不一样。尽管许多学者或专家对 IC 概念的解释不尽相同,但公认的基本观点是:IC 是一个经过特别设计的一站式服务中心和协同学习环境,综合使用方便的互联网、功能完善的计算机软硬件设施和内容丰富的知识库(包括印刷型、数字型和多媒体等各种文献信息资源),在技能熟练的图书馆参考咨询员、计算机专家、多媒体工作者和指导教师的共同支持下,为读者(包括个人、小组或学术团队)的学习、讨论和研究等活动提供一站式服务,以培育读者的信息素养,促进读者学习、交流、协作和研究。

可见,IC 是一个综合的学习、交流、协作和研究的信息服务环境,是一种理念和实体服务的结合体,也是图书馆服务和学院教学实验的混合体。IC 具有为用户提供一站式信息服务、提高信息素养和推动研究与学习三方面的特点,实现了图书馆教学化、教学图书馆化。

(二)信息共享空间的构成

我国图书馆界主要从支持信息共享空间服务的管理流程出发,将信息共享空间分为:馆外支持空间、馆内支持空间和组织管理空间三部分。馆外支持空间包括远程教育中心、教育教学中心、网管中心和媒体服务中心等;馆内支持空间包括个人学习区、团体协作区、开放学习区和用户休闲区等;组织管理空间包括信息共享空间的管理制度、人员配置、用户培训和服务质量评价体系等。

1.馆外支持空间

图书馆提供信息共享空间服务的一个重要因素,就是要与校园内外其他部门或项目组建立广泛的合作关系,如远程教育中心、教育教学中心、网管中心和媒体服务中心等相关部门,才能使信息共享空间服务得以正常运行。

远程教育中心也叫开放教育中心,主要功能是提供相关学习资料和整合各开放教育教学等相关资源及各相关学习软件。教育教学中心一般以提供本校教育教学资源为主,把分散在各教学部门和各职能部门的教育教学、政策法规及相关的管理制度进行整合,使图书馆用户不需要咨询各有关部门就能解决相关问题,为用户节省时间,真正实现方便用户的服务理念。网管中心是支持图书馆的信息共享空间正常运转的关键。目前,图书馆向用户提供网络信息资源服务,一般都要通过学校网络管理中心提供 IP 地址,才能与相关的学习网站、知识数据库供应商进行友好链接,另外,还要通过网管中心提供相关的学习软件,才能为图书馆用户的写作、学习、研究和交流提供方便。多媒体服务中心指学校的现代教育技术中心,是一个集教学实验、科学研究与技术开发于一身的实验教学机构,为学校教育教学提供诸如计算机实验室、多媒体语言实验室、网络信息实验室和多媒体制作室等现代化教学设施与设备,为师生提供多媒体教育教学服务。

2.馆内支持空间

信息共享空间服务平台是图书馆对外服务的核心,是用户利用图书馆相关资源最重要的地方。根据信息共享空间服务功能来看,信息共享空间服务馆内的空间可包括信息咨询区、个人学习区、协作学习区、开放学习区和用户休闲区等。

信息咨询区是图书馆提供一般帮助的中心平台,即参考咨询服务区,其主要是对用户进行传统的参考咨询服务,以及获得有关编程方面的技术问题的解答;个人学习区是在馆内设置一些写作实验设备,不论何时何地都能为用户撰写论文提供帮助,另外,还可用于培养用户基本的技术能力以及信息检索技巧;协作学习区是供用户进行合作研究的空间,当然,不同规模的学习区提供不同的需要;开放学习区还包括多媒体服务的一些内容,主要是提供图书馆的电子资源、知识数据库及相关的开放存取方面的信息,也可向用户提供一些辅助的工具,配备如扫描仪、数码照相机、摄像机等数字输入输出设备以及不同版本的编辑软件;用户休闲区是没有信息资源和计算机的休闲区域,摆满了舒适的椅子,供用户在学习、研究和创作疲惫后稍作休息。

3.组织管理空间

如果 IC 只有实体和虚拟空间,没有管理人员与相关管理制度,那么 IC 的存在是不可想象的。因此,向用户提供信息共享空间服务,除了馆外支持空间和馆内支持空间外,还必须有组织管理空间的支持,包括信息共享空间服务管理理念的支持、管理制度的支持、管理服务人员的支持,以及用户检索使用培训的支持和服务评估、评价体系等方面的支持。

二、信息共享空间建设

(一)信息共享空间的规划

1.规划制定的理念

(1)因地制宜。现在,为广大用户提供开放环境下的信息共享空间已经成为图书馆发展的潮流,建立IC已成为新时期图书情报事业建设的必然趋势。但是,我国图书情报事业的发展是很不平衡的,如东部好于西部、中心城市好于普通城镇、"211院校"好于普通高校等。这就要求图书馆在建设IC的过程中不能搞"一个模式""一刀切",一定要依据自身的实际情况,因时、因地制宜,把IC建设成为一个动态发展的服务机制,最大限度满足用户的需求。

(2)动态发展。图书馆是一个发展着的有机体,随着社会经济、科技、文化的发展,IC的理念、服务手段、用户需求等也在不断变化,IC也必将处在一个动态发展的社会历史过程之中。由于IC建设没有固定、统一的模式,各图书馆依据自身的技术和资源优势来设计,它所提供的服务也应随着馆情的变化而不断调整。

(3)协作互动。IC建设是一个系统工程,它不仅局限于图书馆内,还需要与其他单位或部门紧密协作才能实现。IC的建设需要图书馆与其他部门协作,IC的工作人员也超出了图书馆员的范畴,他们来自不同的部门。这样,用户在这种提供无部门界限的、能够互动和自由交换信息的共享平台中,可以通过直接交流的方式获得原始信息,也可通过间接交流的方式得到各类媒体信息。在IC中,用户之间可以展开讨论和交流,也可以与参考咨询员和技术专家进行交流。

2.规划的步骤

要成功地创建IC,必须先做好规划,包括总体规划和详细规划,前者是从战略上综合考虑图书馆的中长期发展目标,后者则从战术上制定短期内施工的实施细则。规划过程一般分为几个步骤:①在认真分析读者需求的基础上,明确创建的构想、使命、目标和预期结果;②认真考察图书馆现有服务体系、设施、资源和人员等条件与新服务模式的实际差距;③确定新服务模式的服务范围、运行机制、人员结构、资源配置、空间布局、设备配置和资金预算,并撰写规划草案;④组织读者代表对服务相关内容进行讨论;⑤在深入调研的基础上反复以上步骤形成规划文档;⑥将规划文档提交相关专家审定;⑦通过审定后形成正式规划文件。其后,根据规划文件制定建设方案,进行初步设计、详细设计和施工设计等。

总之,规划与设计是一个复杂与反复的过程,既要强调服务创新满足读者需求,又要结合现有服务设施和条件,争取以较低的投入获得较好的服务效果;既要充分考虑实施方案对未来发展的适应性,确保在运行过程中能够根据读者的需求变化进行调整,又要充分考虑用户的需求特点;不仅需要空间、资源和服务等多方面的整合,而且需要理念上的配合,以整体优化的方式来提供便捷和高效的服务。

(二)信息共享空间的建设

一般来说,IC的建设方式主要有三种:①计算机室型,是在现有电子阅览室和参考咨询台等服务设施的基础上进行扩展和改造,将 IC 服务区与现有服务区进行整合;②图书馆整合型,一般以图书馆为主体,独立或与其他部门联合,从空间布局、设备配套到人员配置新建 IC 服务区,它可以是图书馆的一个区域、一个楼层或与其他服务区的整合;③IC 大楼型,是将图书馆功能与学校其他服务整合在一起,把整座大楼建设成 IC。相比较而言,第二种更适合我国国情,是我国建设 IC 的首要选择。但无论哪种方法,IC 的实现目标和核心组成是一致的。IC 的建设离不开空间、资源和服务这三大要素。

1.空间建设

空间建设是 IC 建设的前提和基础,也是其成功的关键因素之一。IC 空间建设应以最大限度满足用户需求为目标。其各个服务区和工作站的设计与规划都应符合用户的学习和研究习惯,有利于资源的存取和利用,创造良好的学习氛围和舒适的环境,以便于用户的学习、交流和协作研究。鉴于国外的经验,IC 的空间通常划分为以下几个服务区:

(1)参考咨询和学生工作站。在这里,用户可以享受传统的参考咨询服务,也可获得有关编程方面的技术问题的解答。国外大多数图书馆已经为此配备了参考咨询专家和专业的 IT 技术人员,为用户提供专业的服务。

(2)开放学习室。它类似于传统的电子阅览室,用于文献信息检索、数据库使用和计算机软件等课程的学习和培训,同时也用于网络资源的搜索和图书馆数字资源的使用。

(3)协作学习室。它实际上就是用户进行合作学习和研究的空间,是团队学习和研究的最佳场所。一般配有工作站、黑板、放映机、投影仪等设备以及相关参考资料,有的还安装有笔记本电脑接口,实现无线网络全覆盖。

(4)个人学习室。它是为了满足个人研究者对安静环境的需要而设立的。一般可容纳 2~4 人,配有网络信息接点,并可提供深层次的一对一的研究帮助和培训。

(5)多媒体学习室。它是为了满足用户学习多媒体技能,进行多媒体创作而设立的。一般配有多媒体制作软件及相应设备,这些设备包括扫描仪、数码相机、摄像机和数字输入输出设备以及不同版本的编辑软件。

(6)写作实验室。在 IC 中设置写作实验室可以极大地方便用户写作和研究,不论何时何地都能为他们撰写论文提供研究报告和帮助。

(7)外语自助学习区。这一设置极具我国特色,因为对我国的大学生而言外语学习极为重要。在设计时,应充分考虑外语学习中听、说、读、写、译等各方面的特殊要求,提供自助辅导软件和专业的外语辅导老师,帮助用户提高外语技能。

(8)休闲饮食区。国外大学几乎所有的 IC 都设有比较舒适的休息区,配有沙发、茶几等设施,以供用户在学习疲惫后稍作休息之用。另外,还辟出专门区域提供餐饮服务。这一设置和服务,目前在我国的一些高校图书馆中已经进行了尝试,可以说效果还是不错的。

以上 IC 服务区的设置不是固定和一成不变的,各图书馆可以依据自身的实际情况和用户的现实需求进行必要的改进和调整。

2.资源建设

IC 是集信息资源和各类软硬件设施于一身的一个综合性空间,它的最大特点就是确保资源共享,尽可能全面、迅速地为用户提供信息和服务。因此,IC 的资源建设尤为重要,它是 IC 服务的保证。IC 的资源体系主要包括以下三个方面:

(1)信息资源。IC 的信息资源主要是指图书馆的各种信息资源,包括印刷型资源、电子出版物和网络出版物等。在 IC 的信息资源建设中,应充分考虑各类型用户对多种信息资源的需求,以及自身的实际情况,做到统筹兼顾,最大限度搜集用户所需的各类资源。

(2)计算机网络设备资源。主要是计算机的各种软硬件资源及其附属设备。硬件资源主要包括各类型的计算机及通信设施等;软件资源主要包括各种课程软件、工具软件和应用软件等;附属设备主要有打印机、复印机、扫描仪、刻录机、数码相机等各种输入输出设备。计算机网络设备资源的配置,可以根据 IC 服务区的规划和实现目标灵活掌握。

(3)人力资源。配备训练有素、爱岗敬业和知识结构合理的服务人员是 IC 成功的保障。IC 人员可以采用全职与兼职相结合的方式。目前,大部分图书馆的 IC 人员主要由参考咨询员、计算机专家、学科专家及学生助理等组成。由于技术的发展、服务的变化和人员的流动,对 IC 人员进行经常的培训是必不可少的。培训内容应包括参考咨询技能、数据库使用方法与维护、服务设施维护与故障处理、IC 规章制度与处理流程、用户服务的相关知识等。

3.服务建设

服务是 IC 的归宿,也是其吸引用户的直接原因,还是 IC 建设成功与否的直接体现。它主要由以下五个相关的服务项目组成:

(1)信息服务台。它是 IC 服务的中心和信息库,提供各种服务和图书馆及学校资源的基本信息,并直接接受用户的各种服务请求,负责把这些请求转交到相关的专业服务部门,具有连接其他服务的枢纽作用。一般还支持电话及 Email 等服务。

(2)媒体服务。提供用户在创作、演示活动中所需的各种媒体资源和设备支持,如打印、扫描、音频、视频设备等,也为在线和远程教学提供设备和技术支持。

(3)参考咨询服务。它处于 IC 服务的第一线,是传统资源与数字资源的中介,向用户提供各种传统与现代咨询服务,帮助和辅导用户利用各种资源完成作业、论文写作及进行科学研究。

(4)研究数据服务。该项服务通过识别、获取数据、重组数据格式为研究人员提供各种数据资源和帮助。

(5)用户培训服务。它对 IC 服务提供教育支持,是关于 IC 服务与资源的培训。通过用户培训,可以使用户更好地了解 IC、利用 IC 资源进行学习和研究。

三、信息共享空间管理员的素养

(一)信息共享空间的人员结构

IC 需要多方面的专家和工作人员的支持,可以说,各类人员提供的服务是 IC 内除硬件设施和信息资源以外,最重要的支撑因素。IC 的管理人员包括:

参考咨询员:负责为用户提供信息咨询服务,帮助用户收集信息资源或提供资源线索。

技术专家:负责解答用户的技术难题,为用户使用 IC 内的各类软硬件提供指导和帮助。

在线的学科专家:通过网络以及专家导航系统这个平台,将用户和各个专业的学科专家联系起来,有针对性地为用户解答专业问题。

日常管理的普通图书馆馆员:IC 需较多的普通工作人员支持它的正常运行,每个区都需要一些日常管理的普通馆员或技术人员随时提供帮助。负责 IC 日常管理的图书馆馆员已不是传统的图书馆馆员,他们应具有较好的信息素养、技术素养和专业素养。

(二)信息共享空间日常管理者的素质要求

IC 服务模式为图书馆开辟了一条全新的服务理念,这对图书馆的发展来说是机遇与挑战并存,也对管理 IC 的图书馆人员素质提出了更高的要求。

1.业务素质

IC 日常管理者应该具有文献管理技能、文献检索技能、导读咨询技能、信息挖掘技能和信息培训技能等多种业务素质。

2.信息素养

信息素养是利用大量的信息工具和主要的信息资源,以获取信息并评价和有效地利用信息。在以人为本的 IC 服务理念中,应该定期对工作人员进行专业培训,培养他们的信息素养,使其具有更高水平的信息辨别和选择能力。管理 IC 的图书馆馆员信息素养的培养和提高,对图书馆建设和对读者服务起引导作用,在图书馆用户特别是 IC 用户的信息素养培养过程中,能起建设性、示范性的作用。

3.学习能力

对于 IC 日常管理者来说,提供对口服务的都是具有专业知识的教师和学生,要求他们应该具备高水平的学习能力,不断丰富自己的专业知识,了解图书情报学的前沿,以便更好地完成自己的岗位职责。

4.计算机能力

在 IC 服务这种高信息化的模式下,不仅要求其日常管理者要熟练掌握基本的计算机能力,还需要有熟练的信息处理技术、编辑网页的能力和较好的文字处理能力等。

5.推广能力

IC 日常管理者的职责之一就是与对口院系的教师和学生联系沟通,推广图书馆的各种服务,让广大师生都使用这种服务,并得到认可和喜爱,这必然需要 IC 日常管理者的大力推广,所以推广沟通能力也是其必须具备的素质。

以上这些素质的培养和形成需要一个良性的机制,图书馆应该建立一套培养机制,为他们的成长安排业务培训和学术交流,定期开展馆际交流等;另外,发挥馆员自身内在的主动性也是十分必要的,加强自我修养,将自己的工作、学习和实践结合在一起,挖掘内在的潜力,不断学习新技术,不断掌握新知识,才能真正成为高素质的综合性人才,才能为图书馆 IC 服务的建设和发展做出贡献。

思考与练习

1.简述参考书阅览室的作用。

2.大型图书馆的常规参考咨询服务主要开展哪些工作?

3.简要分析信息共享空间日常管理者的素质要求。

第四章 信息采集与信息组织

引言

信息采集与信息组织是现代信息管理领域中至关重要的两个环节。在今天的数字化时代，我们每天都面临着大量信息的涌入，如何有效地采集和组织这些信息，对于个人、机构和社会都具有重大意义。

学习目标

1. 了解信息采集的基本原则。
2. 熟悉信息采集的途径与方法。
3. 掌握基本的信息加工方法。

第一节 信息采集

信息采集是根据特定的目的和要求将分散在不同时间、空间的相关信息积聚起来的过程。信息采集是信息资源开发利用的首要环节，直接决定着信息资源潜在的经济价值。

一、信息采集的基本原则

随着信息技术的迅猛发展，信息正以爆炸式的速度在增长，而且信息交流速度飞速提高，导致信息老化、信息污染、信息分散的现象日益严重，这就给信息采集工作增加了难度。所以，为了保证采集信息的质量，减少人力、物力、财力的浪费，信息采集过程中必须坚持以下几个基本原则：

（一）针对性原则

社会信息数量庞大，内容繁杂，而人们的信息需求总是特定的，有层次、有范围的。信息采集的过程就是以信息选择为核心的过程，这是一个科学、客观的过程，选择什么信息并不取决于信息采集人员的主观意志，而是取决于采集信息的目的。根据信息采集的最终目的，有针对、有重点、有选择地采集信息，才能够获得真正有价值的信息。

(二) 系统性原则

事物是处在不断地发展变化之中的,信息反映的正是事物的运动变化状态。要能够准确、全面地反映事物的运动变化,所采集的信息必须保证空间上的完整性和时间上的连续性,即从空间角度,要把与某一事物相关的、分布在不同区域的信息采集齐全;从时间角度,要对某一事物在不同时期、不同阶段的发展变化信息进行跟踪搜集,从而从时间和空间的角度,全面、完整地反映事物的真实面貌。

(三) 经济性原则

由于社会信息数量的迅猛增长,如果不加限制地滥采信息,不仅会造成人力、物力、财力的巨大浪费,还会因为采集的信息质量参差不齐、主次不分,最终造成所有的信息都无法发挥其社会、经济效益。因此,在信息采集过程中必须坚持经济性原则,根据信息采集的最终目的,选择合适的信息源和适当的信息采集途径、方法。

(四) 及时性原则

信息的基本性质之一就是时效性非常强,随着事物的运动变化,过时的信息已经不能准确地反映事物的属性,所以,在信息采集过程中,不仅要注意信息的全面性,同时要保证信息的新颖性,这样的信息才能够反映出当前事物的现状,保证信息决策的前提准确无误。

(五) 预见性原则

任何事物都是处在发展变化之中的,尤其是在当今信息技术、生物技术迅猛发展的时代,我们周围的一切都是瞬息万变的,在采集信息的过程中如果仅仅考虑当前的信息需求,那么信息采集工作就会永远滞后于信息需求,永远处在被动的位置。信息采集过程不仅要立足于现实的需求,同时还要有一定的超前性,要掌握社会、经济、科学技术等的发展动态,制定面向未来的信息采集计划。

二、信息采集的途径

信息采集的途径是指获取信息的渠道。不同的信息归属于不同的信息部门,依附于不同载体的信息也储存在不同的地方,相应地,采集信息的途径也不同,下面从信息载体的角度来探讨信息采集的途径。

(一) 文献信息

文献信息源的类型包括图书、期刊、报纸、科技报告、政府出版物、专利文献、标准文献、会议文献、产品样本、学位论文、档案文献等。

其中前八项都属于公开发行的出版物,通过向出版机构订购或者在书店购买,对于科技报告、政府出版物、专利文献等还可以通过特定的管理部门查询获得。

产品样本是厂商为向客户宣传和推销其产品而印发的介绍产品情况的文献,由厂商发行或者由专门介绍新产品、新工艺的期刊出版,所以对于企业的产品样本可以从企业内部或者企业产品展销会上获得,或者购买、查阅有关的专门期刊。

学位论文是高等院校或研究机构的学生为获得各级学位,在导师指导下完成的科学研究、科学试验成果的书面报告。学位论文一般不公开发表,所以要获得学位论文必须到相关院校、研究机构查阅;有些国家为了充分发挥学位论文的作用,将论文制成缩微胶卷或录入数据库,如《国际学位论文文摘》、PQDD 博士论文全文数据库等。

档案文献属于历史记录性文献,一般都保存在档案馆内,只是根据其不同类型保存在不同的档案部门,如人事档案、军事档案、工程档案、基建档案等,必须到相应的档案部门查询。目前有的档案部门已经建立了自己的网站,并设立了检索功能,那么对于不需要查看原件的档案信息就可以通过直接访问档案网站获得。

(二)实物信息

实物信息作为一种特殊的信息,采集途径也是多方面的。对于从事考古、生物、地质等研究的人员而言,最具有价值的信息就是实物信息,这类实物信息的采集必须由研究人员亲自到民间、到大自然中去采集。而对于产品类的实物信息则可以从产品经销部门、发布会、展销会、交易会、展览会等获得。

(三)个人信息

个人信息是存在于人脑记忆中的信息,因为其存在形式的独特性,采集途径也是非常独特的,只能通过与个人的交谈或引发其用文字的形式表述出来。

(四)电子信息

电子信息源包括广播、电视、数据库和网络。

广播、电视节目都有一个整体的规划,具体每一个时间段播放不同的节目,广播、电视信息的采集需要根据采集的目的选择信息采集源,即广播、电视的具体节目,然后在具体的时间注意收听、收看节目,或笔录或录音。

数据库作为信息存储的主要工具,其存储形式有光盘数据库、网络数据库,其内容有引文数据库、文摘数据库、全文数据库、题录数据库等,在采集信息的过程中可以根据实际的设备和需求选择光盘数据库或网络数据库,在数据库中利用各种检索方法检索信息。

网络信息依地理位置分布在世界各地,但它有直接的工具可以采集到遍布世界的信息,如搜索引擎、FTP 文件传输协议、Telnet 远程登录、E-mail 等。

三、信息采集的方法

信息采集是获取信息的过程,所采用的方法依据信息源类型和性质的不同而有所不同。对应于不同的载体,信息采集方法分别为:①文献信息的采集方法主要是购买、检索、浏览、交换、索取等;②个人信息的采集方法主要是调查、采访、谈话、通信等;③实物信息的采集方法主要有观察、考察、试验、监测等;④电子信息的采集方法主要有收听、收视、检索、网络浏览、查询等。下面介绍几种主要的信息采集方法:

(一) 调查方法

调查方法是最常用的信息采集方法之一,主要用于获取潜在信息和有关现实信息资源的各种信息。调查方法依据其实施的具体过程可以分为问卷调查法和访问调查法。

问卷调查法是调查者就有关问题涉及调查问卷,向被调查者发放调查问卷,问卷填写完之后回收,然后经过统计分析获得有关调查对象的信息。问卷调查方法一般包括以下几个步骤:

1. 问卷设计

问卷调查法的成功与否首先取决于调查问卷的设计。问卷设计必须围绕调查目的和调查对象来确定调查内容,然后在此基础上设计调查问卷。调查问卷通常包括前言(说明调查目的和填写要求)、调查项目(被调查者的基本情况、提问的问题)和结束语(致谢)。在问卷设计的过程中应该注意五方面问题:一是调查问卷要力求简明。要让被调查者的主要精力集中在思考问题上,而不是把时间消耗在理解复杂的调查问卷上,以便于回答。二是问题要具有针对性。调查活动的组织者要紧紧围绕调查目的,提出的问题要针对实际的信息需求。三是提问要集中并有层次。调查问题要集中,不能过分分散。按等级展开的内容,逐个选择合适的提问,先综合后局部,同类问题中,先简单后复杂,这样由浅入深,有层次的展开。四是问题的数量要适当。问题数目过多会导致被调查者分散注意力,难以认真地回答每一个问题。问题过多时,组织者应认真分析、抓住重点。五是不应介入组织者的观点。问卷调查法的目的是从被调查者身上获得信息,而不是让他们确认组织者的观点,因此不应在调查问卷中介入组织者的观点或出现诱导性提问。

2. 选取样本

调查对象的选择直接关系到调查结果的代表性和准确性。选取样本就是从研究总体中按照一定的方法抽取一部分来实施调查,并以此来推断总体。选择样本时要注意:一是被调查者要有代表性,避免片面性和不充分性;二是被调查者要有可靠性,避免调查数据的虚假和问卷回收率低的现象;三是被调查者的数量要适中,避免工作量过大。样本选取的方法有简单随机抽样、系统抽样、分层抽样、分群抽样等。

3.实施调查

实施调查应有一定的计划和组织,并对调查者进行适当的培训。必要的时候,可先进行试点调查,以及时发现问题并进行修正,然后再全面展开调查。实施调查的方法可以采用入户发放问卷并等待,然后直接回收问卷;把问卷邮寄给被调查者,并请他回答完毕之后回寄;报刊登载或互联网发布等。

在实施调查的过程中要注意的问题是必须保证问卷的回收率。

4.结果统计

对回收的问卷进行统计分析,一般可以采用多种统计方法,并利用各种数学工具对统计结果进行分析,得出最后的结论。

访问调查法又称采访法,是通过访问信息采集对象而获得有关信息的方法,这是大众传播机构和各类信息公司最常用的信息采集方法。这种方法是通过信息采集人员与采访对象直接交谈来实施的,因此,可以达到双向沟通的效果,便于对问题进行深入的探讨,提高信息采集的针对性。

根据采访的对象,访问调查法可分为个别访问和集体访问。个别访问是针对个人的采访,谈话比较自由,没有拘束,往往可获得较深层次的信息;集体访问包括座谈采访、参加会议等形式,集思广益,可以获得更大量的信息,而且使各位被采访者之间形成互补,提高所采集信息的全面性和准确性。

根据访问的方式,访问调查法可以分为电话采访、通信采访和面谈。电话采访要首先与被采访者预约,通过电话交流信息,只是不便讨论复杂的问题,也不宜深入地讨论问题;通信采访是通过书信的形式采访,采访的效率明显降低,但可以深入地探讨问题;面谈的自由性比较大,而且比较直观,交流的信息量也大,采访者可以根据被采访者的谈话内容、态度等随机应变进行采访。

(二)参加各种社会活动

社交活动的形式多样,参加人员的学历、履历、职业、单位等有时单一,有时复杂,那么各个层次的人所拥有的信息必然五花八门。参加社交活动可以获取各种各样的信息,但信息的完整性却难以保证。

通过参加各种正式会议可以获得比较可靠的信息,如参加学术研讨会、科技报告会等,与会的基本上都是各方面的专家,占有大量的学术信息、科技信息;参加与本组织有关的产品展销会,可以通过同行业厂家展示的产品获得大量信息等。

(三)媒介分析

媒介分析是信息咨询部门、图书馆、情报中心和编辑出版部门常用的信息采集方法。通过对媒介的分析,可以获得如下的信息:一是媒介所包含的内容,即作为一种信息的载体,其所承载的信息内容;二是媒介的形式信息,包括媒介的名称、责任者、存在形式、发行数据等;三是关于媒介信息的信息,包括目录、索引、文摘、引文、综述、评论等。利用对媒介的分析来采集信息是信息资源管理部门最常用的方法。

(四)数据库、网络查询

随着信息技术的发展,各种类型的数据库不断涌现,所有可公开的信息也都在网络上发布。数据库查询是以特定的数据库为基础,配以相应的数据库管理系统和检索软件,并根据数据库的特点提供相应的检索途径,用户可以根据数据库的特点以及提供的检索途径制定检索策略,在数据库中检索信息。

网络信息的查询主要是利用网络信息检索工具来进行,如搜索引擎、远程登录、文件传输协议、新闻组等。

第二节 信息组织

信息组织是信息资源管理的一个重要环节,它是一个信息增值的过程,同时也是信息检索与利用的基础。

信息组织,即信息整序和加工,利用一定的科学规律和方法,通过对信息的外在特征和内容特征的序化与综合,实现无序信息流向有序信息流的转换。所谓信息的外在特征是指信息的物质载体所直接反映的信息特征,如信息的物理形态、题名、责任者、出版者等;信息的内容特征是信息所包含的具体内容。信息组织的基本依据就是信息的外在特征和内容特征。信息组织是信息资源开发利用的主要手段,是信息传播前的必要准备。

一、信息组织的方法基础

信息组织是一种普遍的社会实践活动,其不断发展的过程,是建立在一定的方法基础之上的。语言学、逻辑学、知识分类是信息组织的方法基础。

语言是人类最重要的信息交换符号系统,是信息的载体。语言由词汇和语法构成,词汇是构成语言的词语总汇,语法是指把词语组合起来的各种规则的总和。这就是人类的自然语言。而在利用信息的过程中,要把分散、混杂的信息组织成有序、优化的整体,也必须建立相应的符号系统,这就是在自然语言的基础上所创造的用于信息组织的人工语言。有了这样的符号系统,各种信息单元就能够对号入座,从而揭示其个体特征,体现出信息系统的有序性。

逻辑学是关于思维规律的科学。信息组织也是一种思维过程,而各种信息组织的语言也是建立在概念逻辑的基础上的。信息组织不仅要明确地表达每一个信息单元,而且还要显示各个信息单元之间的逻辑关系。所以,信息组织工作中必然要用到逻辑学的一些方法,其组织过程必须符合逻辑思维规律。

知识分类是一门研究知识体系结构的学问。而信息组织就是首先对信息进行分类,然后再归类的过程,所以,信息组织活动必须建立在人们对知识体系认识的基础之上。

二、信息组织的基本方法

信息组织方法是按照一定的规则、根据一定的内在或外在的特征对信息进行排序。信息组织方法根据其组织对象的范围可以分为信息宏观组织方法和信息微观组织方法;针对信息的形式、内容、效用三个基本方面,相应的信息组织方法依次为语法信息组织法、语义信息组织法和语用信息组织法;根据信息组织的内容,信息组织方法可以分为信息描述方法、信息揭示方法、信息分析方法和信息存储方法。本节将主要介绍语义信息组织法中的主题组织法和分类组织法以及一些基本的信息加工方法。

(一)主题组织法

主题组织法是根据信息对象所反映的主题特征,直接以代表信息主题概念的主题词作为信息的标识,并根据主题词的字顺来组织主题词体系及相应的信息。主题组织法的关键是主题分析,主题是信息所表达的中心问题,不同主题之间的相关性通过详尽的参照系统等方式予以揭示。

主题组织法在信息组织中主要是用来处理信息资源、编制各种检索工具及检索系统。

主题语言是信息主题组织法的语言基础,包括标题词语言、单元词语言、叙词语言和关键词语言,是用于描述、存储、检索信息主题的受控词汇。其中,标题词法的检索标识是在编制标题词表时已经固定组配好的,即所谓的"先组式"组织方法,单元词法和叙词法则是后组式的组织方法,即只在正式使用时才将概念加以组配,其适用能力要比先组式语言强。

标题词法、单元词法和叙词法都要对取自自然语言的语词进行规范化处理，建立相应的标题词表、单元词表和叙词表，而关键词法是直接使用自然语言组织信息，即采用不受控制的自然语词，也不需要建立词表。

1.标题词法

标题词法是以严格规范化的先组式的标题词作为信息单元的主题标识的主题词法，是最早出现的一种主题词法。标题词就是经过词汇控制，用来标引文献的词或词组。标题词既可以是单个的词，也可以是词组，分别表示单纯概念和复杂概念。在标题语言中，每一个标题词都是一个完整的标识，可以单独地标引一个信息主题，也可以与其他标题词组配，形成多级标题。

标题词法对各标题词之间的语义关系的揭示是通过语义参照进行，主要有单纯参照、相关参照。单纯参照反映的是具有同义关系的正式标题词与非正式标题词之间的参照，一般用"见(see)""见自(see from)"来显示等同关系，其中，"见(see)"表示非正式标题词参见正式标题词，"见自(see from)"表示正式标题词参见自非正式标题词；相关参照反映的是两个具有等级或相关关系的正式标题词之间的参照，一般用"参见(see also)""参见自(see also from)"显示，其中，"参见(see also)"一般表示上位标题词参见下位标题词或相关标题词之间的参照，"参见自(see also from)"一般表示下位标题词参见自上位标题词。

标题词法是按事物集中有关文献的。在同一个标题下，常常集中了关于某一事物的许多方面的资料，为了对这些信息单元进行区分，各种检索工具分别采用了不同类型的标题，如单级标题、多级标题、带说明语的标题、倒置标题等。

单级标题一般只有一个单词或词组构成，采用单级标题标识信息比较简单，但是专指性差，而且往往同一个标题下会集中大量的信息，不便于检索。

多级标题是由多个标题词采用组配符号连接起来的标题形式，通常形式是主标题与子标题的固定搭配。主标题是对信息内容的关键性概念的标识，而子标题仅仅是对主标题的限定、说明和修饰，但都必须是规范化的标题词。例如：歼灭机——设计，其中主标题是歼灭机，子标题是设计。

带说明语的标题即相当于一个复词标题，用以表达复杂的概念，一般标题词在前，说明词在后，实际上也是对标题词的限定、说明，可以达到较高的专指度，但由于增加了限定词，标题比较冗长，排列次序不够明确，如"硬盘，便携式的"。

倒置标题是将标题中具有检索意义的后置部分作为检索入口前置，前后用逗号隔开。如超音速飞机——飞机，超音速。倒置标题一方面可以集中资料，另一方面又造成难以判断检索入口的问题。

2.单元词法

单元词是指从信息内容中抽取出来的、最基本的、能够表达信息主题的、字面不能再分的标引信息单元主题的词。单元词可以是一个单纯词,也可以是一个合成词,这些词在概念上不能再进一步分解,否则就不能表达完整的概念,如"信息组织"就可以进一步分解为"信息"和"组织",而"信息"和"组织"如果再进一步分解为"信""息""组""织",则都没有明确的含义。单元词法就是以单元词作为信息单元标识的主题词法。

单元词是最基本的、最小的表达主题概念的词,一般情况下,单个的单元词并不能独立地准确表达文献主题,而必须相互组合或组配,以构成专指的标题。因此,单元词法是最早出现的后组式的主题语言,其最基本的特点就是概念组配,即从单元词表中选择若干单元词,通过不同的组配方式,可以构成多个表达复杂概念的、更为专指的标题。如:"素质"和"教育"的组配构成更专指的概念"素质教育"。

单元词法是用最基本的表达主题概念的词组配来表示文献主题,组配的过程中所形成的概念只是字面组配,不够严密,有时会出现组配错误的情况。

3.叙词法

叙词指从信息内容中抽取出来的、能概括表达信息内容基本概念的名词或术语,在国内也称为主题词。叙词法就是以叙词作为标识符号,标识信息单元的方法。它是以受控的自然语言为语词基础,以字顺和分类系统为词汇显示的基本手段,以语词的概念组配而不是字面组配为重要特征的一种标引和检索文献的理论方法。叙词法的关键在于拆义,它把完整的主题内容从概念上分解为多个独立的概念,然后再从叙词表中选择可以明确表达这些概念的叙词进行组配,形成更为专指的概念。

叙词法是在标题词法、单元词法的基础上发展而来的,吸收了其他方法的优点且改善了它们的缺陷,所以,叙词法逐渐成为受控信息组织和检索的主要方法。

我国目前使用最广泛的叙词表为《汉语主题词表》。

叙词法的主要特点是:①直接以规范化了的自然语言——叙词作为标识符号,直观性强;②直接从论述和研究的具体对象和问题出发进行选词,并采用叙词组配来描述主题,专指性强;③叙词法能随时进行增设修改,适应性强;④对叙词主要采用字顺排列方式,查找迅速;⑤主要采用后组式概念组配,灵活性强;⑥对同一主题的文献,可以做多维检索;⑦叙词表中编制和建立了叙词语义关系的网络结构(叙词字顺索引的参照系统、叙词范畴分类系统、叙词等级系统、叙词词族图等),加强了叙词法的学科系统性和族性检索作用。

叙词的选择从标引和检索的实际需要出发,并考虑各学科的现状和发展;所选择的叙词必须概念明确,能够准确地表达文献主题和检索提问,既能够发挥组配的优越性,又能兼顾词汇的专指性；叙词表中以名词为主，必要时也收入了少量形容词。叙词包括普通名词和专有名词，其中，普通名词是组成叙词表的基本词汇，如表示具体事物的名词术语、表示事物性质和状态的名词术语、表示学科门类的名词术语，等等；专有名词是表达某一特定的单一事物的名词术语，如自然地理区划名、机关团体名、人名等。

叙词法采用的组配方式是概念组配，其实质就是在概念分析的基础上再进行概念组合，不同于字面组配利用构词法进行词的分拆和组合的方式。概念组配的结果所表达的概念与原来的各单元概念在逻辑上一般表现为下位概念与上位概念的关系。

叙词表中以字顺方式来组织各叙词，为了反映各叙词概念之间的相互联系，叙词法通过建立参照系统的方法予以揭示，形成了反映叙词之间关系的语义网络。

4.关键词法

关键词是指从信息单元的题目、正文或摘要中抽取出的、能够描述信息主题内容的、具有实质意义的词语。关键词选取简单，词语基本不做控制，或者仅作极少量的规范化处理。关键词法就是以关键词作为信息单元主题标识的主题词法，其实质就是将信息单元中原有的、能够描述其主题概念的、具有实质意义的词抽出，不作或仅作少量的规范化处理，作为检索的入口，按字顺排列。在利用关键词法进行信息组织的过程中，不需要建立关键词表，只需要编制一个非关键词表，列出一些冠词、介词、代词、连词等无检索意义的词语。在信息组织的过程中，只要不是非关键词表中的词语，都可以作为备选的关键词。

在利用关键词法进行信息组织时，所有的关键词都是平等的，即所有的关键词都可以作为信息组织的依据，成为信息检索的入口。

利用关键词进行信息组织共有两种形式：一是带上下文的关键词索引，包括题内关键词索引、题外关键词索引、双重关键词索引；另一类是不带上下文的关键词索引，包括单纯关键词索引、词对式关键词索引和简单关键词索引。

(1)题内关键词索引(Keyword in context index, KWIC)。题内关键词索引就是把关键词保留在文献的题目之内，关键词的上下文和词序不变。在编制索引款目时，首先使用非关键词表选择题目中具有检索意义的词语作为关键词，并将其作为确定索引条目的依据；每一个关键词按照字顺轮流作检索点，排在版面的中间；关键词前后的上下文保持不变，以轮排的方式移至条目的前面或后面；条目的最后是信息的存储地址。

(2)题外关键词索引(Keyword out of context index, KWOC)。题外关键词索引同样是在题目中选择具有检索意义的关键词，只是它将作为检索入口的关键词放置在题名之外，即置于题名的左端或左上方，题名的词序依然不变，完整地列在检索点的右端或右下方，每一条款目的最后是信息的存储地址。所有的款目按照检索入口位置的关键词的字顺排列。

(3)双重关键词索引(Double KWIC index)。双重关键词索引是题内关键词索引和题外关键词索引的结合,即采用双重索引:首先根据题外关键词索引确定一个索引关键词,并置于题名的左端或左上方作为索引标目;然后根据题内关键词索引确定索引关键词,上下文词序不变,以轮排的方式建立副标目。

双重关键词索引可以通过主标目和副标目的组合进行检索。

(4)单纯关键词索引。单纯关键词索引的款目中不包括非关键词,是完全由关键词以及存储地址构成的索引款目,并以关键词的字顺进行轮排。这种关键词索引中的关键词不仅仅来源于题名,还可以是在正文或文摘中提取的关键词。一个信息单元的关键词可以分成几个组,构成几组索引款目,因而可以对信息单元进行较深入的标引。

(5)词对式关键词索引。词对式关键词索引是每次只选择信息单元中的两个关键词组配构成索引款目,并根据关键词的字顺进行轮排。如果一个信息单元有 n 个关键词,都进行组配轮排,就可以生成 n×(n-1)个索引款目,因此可以达到较深的标引效果。

(6)简单关键词索引。简单关键词索引既是最简单的关键词索引方法,也是质量最差的关键词索引方法。每一个索引款目只有一个关键词,每个关键词后面会有许多个信息单元的存储地址,每一个信息单元的存储地址列在多个关键词之后。

(二)分类组织法

分类是人类认识事物的基本方法、人类思维的基本形式,是指依据事物的属性或特征对事物进行区分和类聚,并将区分的结果按照一定的次序进行组织的活动。一般认为,分类包括分类和归类两个概念,分类就是根据事物的属性及特征对事物进行区分,建立类别体系;对于这样一个分类体系,任何事物都可以在其中找到一个适合自己的类目,这就是归类的过程。

分类组织法是从信息主题内容的角度组织和揭示信息。它的实施也是一个分类的过程,首先根据信息所反映的属性及形式特征,对信息进行区分和类聚,建立相应的信息分类体系;然后根据信息分类体系,找到适合每一个信息单元的类目,赋予它们分类代码和相应的语词形式的类别标识,并根据不同类别的分类代码的某种次序进行排列组织。

分类语言是分类组织法的语言基础和依据,其具体表现形式主要是分类表。由于用分类表和分类规则来标引、组织和检索文献信息的方法被称为分类法,因此习惯上人们将某种分类表又叫分类法。它用分类号作为基本标识来表达各种信息概念,并将各种概念按学科性质进行分类和系统排列。分类语言包括体系分类语言和组配分类语言,即分类法主要包括体系分类法和组配分类法,其中,体系分类法主要应用概念划分和概括的方法,组配分类法则主要应用概念分析和概念综合的方法。

1. 体系分类法

体系分类法，又称等级分类法、列举式分类法，它直接根据知识分类的等级体系列出所有的类目，并根据概念之间的等级、从属关系分别赋予相应的分类号，按一定的次序排列。体系分类法的主要特点是按学科、专业集中信息，并从知识分类角度揭示各类信息在内容上的区别和联系，提供从学科分类检索信息的途径。

每一事物都有多种属性，即除了具有某种与同类事物相同的属性外，还有许多与同类其他事物不同的属性。那么在事物分类的过程中，可以采用多个标准进行逐级的分类。即首先选取主要属性作为分类标准，这时所建立的类目称为母类或上位类，然后针对上位类中所有事物，再选择某一种属性进行分类，形成子类或下位类。上位类与下位类的联系在于：各下位类互为同位类，属于并列的关系，所有的同位类都具有上位类所描述的属性或特征，但它们之间又具有互不相同的特殊属性。所有的事物都可以根据其多种属性不断分类，如此层层划分，便形成了秩序井然的、树型结构的等级分类体系。

建立分类体系必须遵守以下的规则：①在每一次划分时，不同时使用两个或两个以上的划分标准，避免出现类目交叉、重叠的现象；②划分所得的各下位类的外延之和应等于其上位类的外延，避免不完全划分和多出下位类的错误；③选择反映事物本质的、符合分类目的的属性作为划分标准。

同一类事物往往具有多种属性，若只采用其中的一种属性作为分类标准时，仅被用作分类标准的一组属性可分别集中具有该属性的事物，但因其他属性没有作为分类标准，相关的事物就处于分散状态，且无检索途径。例如，每一部文学作品都有体裁、作者、国籍、时代、语言等属性，如果只采用国籍作为分类标准，可以分为世界文学、中国文学和各国文学，则不同体裁、不同时代的文学作品都被分散开来，而且在具体的分类体系的标识中没有显示出来。因此，在划分类目时必须选择具有科学意义的事物属性和具有检索实用意义的信息特征作为分类标准。

体系分类法主要通过分类表来体现，包括大纲、简表、主表和辅助表。分类表的大纲实际上是基本大类表，即分类表中的第一级类目，代表较大的学科或领域。根据基本大类表，人们可以对分类表的分类体系有一个最基本的了解。分类表的简表也称基本类目表，是由对基本大类所作的一次或二次划分所得的类目构成的。由于整个分类表的类目体系过于庞大，在线行排列的情况下不易了解整个分类表的内容，通过简表就可以迅速地了解其概况。主表是分类表的正文，是根据事物的基本属性和社会习惯逐级扩展而成。主表由类名、类目标识（类号）和注释构成，是分类标引的实际依据。辅助表也称为复分表，是将主表中按相同标准划分某些类目所产生的一系列相同子目抽取出来，配以特定的号码，单独编制，供主表中的有关类目进一步细分用的类目表。编制复分表是统一类目和简化分类表的主要方法。通常复分表包括通用复分表和专用复分表两类,其中,通用复分表是整个分类表所通用的,包括总论复分表、地区复分表、时代复分表、民族复分表、通用时间表、地点表等;专用复分表只在某一大类甚至只限于某一小类中使用,一般插在主表中的相关位置。

2.组配分类法

组配分类法的构成基于概念的可分析性和可综合性,即一个复杂概念可以分析为若干个简单概念,若干个简单概念可以综合为一个复杂概念。因此,一个复杂的信息主题概念可以用若干个表达简单概念标识的组配来表达。因此,组配分类法的基本思想就是:整个分类表全由复分表组成,即只给出一些基本概念的划分标准,而不给出实际使用的概念子项。尽管没有给出详细具体的类别,但由于包含了所有的基本概念,且划分标准完备,进行信息归类时只要通过若干个由基本概念划分产生的子项之间进行组配,就可以在任意专指度上构造出合适的类目。

组配分类法可以分为分面组配分类法、组配—体系分类法和体系—组配分类法三种类型。分面组配分类法由若干个面构成,这些面都是基本范畴,都可以作为检索途径,而无主次之分,一般只用于比较窄小或比较单纯的专业范围使用。组配—体系分类法首先将知识分为一些基本类,构成一个作为主干的体系结构;然后每个基本类进一步做分面分类,则相当于一个分面组配分类法。体系—组配分类法基本上属于体系分类法,只是大量采用分面组配方法,使用各种复分表、仿分以及组配符号、合成符号等,并且使分类号尽量保持分段的组配形式。

(三)基本的信息加工方法

1.题录

题录,又称为篇目索引、篇名索引,主要是针对各种报刊、丛刊、集刊、论丛、会议录等文献中所刊载的各种论文,以篇为单位,论文题名为标目,并以其外部特征为描述对象,按照一定的方法组织条目所形成的一种检索工具。题录是一种线索性的检索工具,它通过短小精炼的款目反映文献的外部特征。用户利用题录可以获得文献的出处、著者等线索性信息。

题录的种类非常丰富,根据不同的划分标准可以分为不同的类型:①根据收录文献的对象范围划分,题录可以分为期刊篇目索引、报纸篇目索引、报刊篇目索引、图书篇目索引、会议文献篇目索引、书刊混合索引、档案全宗索引等。② 根据题录出版的周期可以分为定期出版的题录和不定期出版的题录两种类型,其中,定期出版的题录是由专门机构负责周期性地整理、出版及发行的题录,属于检索刊物;不定期出版的题录是为某一专题、课题的研究需要而编制的一种专题索引。③根据收录文献的知识门类的不同可以分为综合性题录和专题性题录,其中,综合性题录是选择一定的信息源,针对其中所涉及的所有知识门类的文献而编制的题录;专题性题录则是针对某一专题的文献而编制的题录工具。

题录的著录款目一般由题名、责任者、出处等描述文献外部特征的著录项目及标识符号组成。

2.书目

书目是以各种文献为对象,揭示文献的题名、作者、出版者、出版日期、载体形态、主题内容、获得方式等外部特征和内容特征。书目在我国具有悠久的发展历史,如汉代的《七略》《汉书·艺文志》,唐代的《古今书录》,宋代的《崇文总目》,清代的《四库全书总目》《书目答问》,民国时期的《民国时期总书目》,中华人民共和国成立后的《全国总书目》《中国国家书目》,等等,都比较系统地记录了各个历史时期的图书文献。下面具体介绍几种书目:

(1)国家书目

国家书目是全面登记一个国家所有文献的总目。它不仅记录一个国家领土内出版的各种类型、语言、载体的文献,而且对领土以外出版的本国公民及本国语言的文献也作记录。主要包括两种:一种是全面登记一个国家最近出版的文献的现行国家书目,如《全国新书目》《全国总书目》;另一种是全面反映一个国家在过去一定历史时期出版的文献的回溯性国家书目,如从1978年起北京图书馆筹备编制的《民国时期总书目(1911—1949.9)》和我国图书馆界所编制的《中国古籍善本书目》。

(2)联合目录

联合目录是选定若干个图书馆或文献单位合作编制的馆藏目录,以反映文献的收藏处所为特征,揭示预报到有关图书馆的部分或全部馆藏文献。根据反映文献的类型可以分为图书联合目录、期刊联合目录、报纸联合目录等;根据地域范围可以分为国际性联合目录、国家联合目录、地区联合目录等。

(3)推荐书目

推荐书目,又称为导读书目、劝学书目,它是根据特定读者对象,对某一专门问题的文献进行精心选择而编制的书目。如清朝末年,四川学政张之洞针对当时青年学生"应读何书,书以何本为善"的疑惑,编制了《书目答问》。根据推荐书目的编制目的,可以分为科学文化知识教育的普及性推荐书目、配合政治理论学习的教育性推荐书目、帮助专业技术进修的指导性推荐书目、提供研究专门问题的学术性推荐书目等。

3.提要

提要是根据一定的需要,对文献内容特点所作的说明。它是揭示文献内容最常用也是最基本的一种方法。与文摘相比,提要既可介绍文献中的有关内容,也可根据读者了解文献的需求,叙述与文献有关的外部特征,如作者情况介绍、与同类著作相比有何特点、文献的社会效果、版本的考辨等。一般情况下,提要主要由五部分组成:关于文献作者及写作过程的介绍、关于文献内容及特点的揭示、关于文献社会价值及影响的评说、关于文献的类型及读者对象的说明以及其他与文献相关的资料。

4.文摘

文摘是对初始信息内容进行浓缩加工,即抽取其中的主要事实和数据而生产的、基本保持原有信息含义的信息组织产品,是原始信息的浓缩和精华。

(1)按照对文献内容的压缩程度,文摘可以分为报道性文摘和指示性文摘。报道性文摘是定量地揭示文献主要内容的文摘,以向用户提供信息的实质性内容为主要目的,在某种程度上可以代替原始文献;指导性文摘是定性地描述文献的主要内容,不能代替原文,但能够指导读者的阅读。

(2)按照所涉及的知识门类,文摘可以分为综合性文摘和专科性文摘,这主要是针对文摘性的期刊而言的。综合性文摘涵盖多个学科的文献,如《科学文摘》;专科性文摘则只涉及某一个学科的文献,如《化学文摘》《物理文摘》。

(3)按照文摘的作者,可以分为作者文摘和非作者文摘。作者文摘是由原始文献的作者亲自编写的文摘,其质量比较高;非作者文摘是由文摘员或其他人编写的文摘,其客观性较强。

(4)还可以根据加工手段分为手工文摘和机编文摘,根据文摘的语种可以分为中文文摘、英文文摘,等等。

文摘的款目结构主要包括题录部分、文摘正文和补充著录三部分。其具体内容为:①文摘类号、序号;②文献题名;③责任者;④责任者单位地址;⑤文摘正文;⑥补充著录,主要包括参考文献、插图、表格等的数量和抽取的关键词以及文摘员姓名或编号等内容。

5.综述

综述是对与主题相关的大量初始信息记录或非记录形式传播的大量初始信息或事实等进行分析、归纳、综合且按一定逻辑顺序组织而成的,能在一定时间和空间上反映特定课题研究的全部或大部分成果的、具有研究价值的二次信息产品。它是对信息的概括和提炼,是信息组织活动的高级形式。

根据综述的内容深度及侧重点,一般可以分为叙述性综述、事实性综述、评论性综述和预测性综述。叙述性综述是对某一课题的大量文献中所探讨的问题进行综合分析而编写的综述,一般都比较客观地反映原始文献中的学术观点和见解,不深入分析文献内容。事实性综述是对某一课题文献中的事实资料进行系统的排比,并附以其他资料的一种综述,特点在于利用丰富的数据和可靠的事实资料反映课题的概况。评论性综述是对某一课题文献进行全面深入的分析研究,并进行论证评价的一种综述,主要特点在于评论,即在文献归纳整理的基础上,阐明自己的观点和看法,这是一种更高层次的综述。预测性综述是对某一课题的文献进行科学的分析综合,并对未来发展趋势提出预测的一种综述,它的特点是通过文献分析、数据调查,利用各种科学方法对某一课题的前景做出战略性的预测。

综述一般由引言、概述、正文、建议、参考文献等部分组成。其中,引言主要阐明本课题的基本状况、综述的时间阶段和文献的收集范围、综述的观点、章节内容以及结论等;概述主要叙述本课题前阶段的研究情况;正文是综述的主要部分,对本课题的重要内容、代表性观点、发展趋势及关键性问题进行分析评论和阐述;建议是在正文分析评论的基础上,提出的解决问题的建议和应采取的措施;参考文献是编写综述所参阅或引用的文献目录。

思考与练习

1. 简述信息采集的基本原则。
2. 信息采集的途径有哪些?
3. 什么是主题组织法?包括哪些类型?
4. 什么是分类组织法?包括哪些类型?

第五章　信息检索原理与技术

引言

信息检索是指通过计算机系统从庞大而复杂的信息资源中寻找、筛选和获取相关信息的过程。在信息爆炸的时代，我们每天都面临着海量信息的涌入，因此，能够迅速、准确地找到所需信息变得尤为重要。信息检索原理与技术提供了这一可能性，它包括了各种算法、数据结构和搜索引擎的设计，以及用户界面和用户体验的优化。

学习目标

1. 了解信息检索的类型。
2. 掌握信息检索的步骤。
3. 熟悉信息检索的相关技术。

第一节　信息检索概述

一、信息检索的概念

信息检索是指将信息按一定的方式组织和存储起来，并根据信息用户的需求找出所需信息的过程和技术。也就是说，广义的信息检索包括"存"和"取"两个环节，又称"信息存储和检索(information storage and retrieval)"。广义信息检索的其他表述有：信息检索是对信息项(information items)进行表示(representation)、存储(storage)、组织(organization)和存取(access)。信息存储是指收集大量无序的信息，根据数据源的外部特征和内容特征，由信息标引人员依据检索语言进行分类、标引、编制，使之有序化、系统化，成为可以使用的信息集合。

从狭义上讲，信息检索仅指检索这一环节，本质上是一个匹配的过程，即从信息集合中找出所需信息的过程。信息检索的含义很广，但作为一个学术研究领域，可界定为：信息检索是从文档集合(通常存储在计算机中)查找满足某种信息需求的、具有非结构化性质(通常指文本)的资料(通常是文献)。

二、信息检索的类型

信息检索的划分标准多种多样,可以根据检索对象、检索内容、检索方式等进行划分。

(一)根据检索对象或检索内容划分

1. 文献检索

文献检索指以文献为检索对象的信息检索,它是利用检索工具和系统查找文献线索、获取文献信息的过程,是传统上信息检索的核心部分。文献检索的结果可以是文献线索也可以是原文全文,但最终目的是得到原文,或至少得到能反映原文的题录或文摘。因此,可以将文献检索分为书目检索和全文检索:书目检索指以文献线索为检索对象的文献检索;全文检索指以文献的全部信息作为检索内容的文献检索,即检索系统存储的是整篇文章、整部图书的全部内容,而不仅是关于文献的线索或其主要内容的介绍。随着计算机信息检索技术的发展,全文检索的地位越来越重要,大量数据库提供文献全文或至少提供订购、获取原文的快捷途径。

2. 数据检索

数据检索指以数据为特定检索对象的检索,即查找文献中的某一数据、公式、图表以及某一物质的化学分子式。数据检索是一种确定性检索,检索的结果是经过核实、整理的数据信息,是用户可以直接利用的信息,如电话号码、银行账号、各种参数、统计数据等。可利用的工具主要有百科全书、词典、年鉴、手册、黄页以及其相对应的数据库和网络资源。

3. 事实检索

事实检索指以客观事实为对象的检索活动,利用参考工具书、数据库等检索工具从存储事实的信息系统中查找特定事实的过程,包括检索事物的性质、定义、原理以及发生时间、地点、过程等。事实检索与数据检索一样,是一种确定性的检索,检索的结果可以供用户直接利用,如查找某一历史事件、某产品的性能、某机构的情况等。可利用的工具主要有百科全书、字典、辞典、年鉴、手册、人名录、地名录、机构指南及其相对应的数据库和网络资源。

(二)根据检索方式划分

1. 手工检索

手工检索指以手工操作的方式,利用传统的印刷型检索工具,如文摘、目录索引、百科全书等进行信息检索。手工检索的优点是直观、灵活、无须各种设备和网络,检索条件简单;检索过程中可随时获取反馈信息,及时调整检索策略;查准率高。手工检索的缺点是漏检严重,检索速度慢。

2.计算机检索

计算机检索指利用计算机技术,对已经数字化的信息进行存储和检索的过程,包括脱机检索、联机检索、光盘检索和网络检索。计算机检索是在手工检索的基础上发展起来的。随着计算机技术和通信技术的不断发展,计算机检索日益成为信息检索的主流方式。与手工检索相比,计算机检索具有速度快、效率高、查全率高、不受时间和空间限制、检索结果输出方式多样化等优势。

第二节 信息检索步骤

一、分析研究课题

分析研究课题是指在着手查找信息前对课题进行分析,明确学科或专业的范围,弄清检索的真正意图及实质。它包括了解课题的内涵概念范围和外延概念范围,以便确定检索标识(检索词、分类等);明确课题所需信息的内容、性质和水平以及出版国别、语种和年限;了解并掌握课题的国内外情况;同时,还要在分析的基础上形成主题概念,包括所需信息的主题概念有几个?概念的专指度是否合适?哪些是主要的,哪些是次要的?等等。还有些检索工具要求使用相应的词表和类表对选择出来的检索词进行核对,力求检索的主题概念准确反映检索需求。

我们可从以下几方面确定检索范围:

(1)专业范围。确定课题涉及哪些专业及其相关的学科。

(2)时间范围。确定该课题需要检索信息的年代范围。

(3)地理范围。各国出版的检索工具以收藏本国的信息为主,因此要了解某课题在哪个国家处于领先地位,原则上就采用该国的检索工具。

(4)语种范围。看该课题在哪国占优势,据此选择该国母语的检索工具。

(5)信息类型。各种检索工具收录信息的着重点是不同的,即使是综合性检索工具也未必面面俱到,因此要选择与课题有关的、针对性强的、适合课题需要的检索工具。

二、选择检索工具

利用哪些检索工具进行查找,这直接与检索效果有关。要根据课题要求,选择与所查课题相适应、质量较高、检索手段较完善的检索工具。须了解和掌握其使用范围、收录特点,然后可通过三次信息的选择和检索,如《工具书指南》《书目指南》《数据库目录》等工具指引到二次信息检索工具。需注意的是,单凭个别信息集合体的检索工具、数据库,从中选择确定符合课题的检索工具,虽直接具体,却不够全面;通过查阅国内外出版的检索工具、数据库指南的介绍来选择确定,虽系统全面,却有时会受到各种条件的限制,如馆藏的限制。

在选择检索工具时,要考虑的主要问题如下:

第一,在内容和时间方面,要考虑检索工具、数据库内容对课题内容的覆盖面和一致性,如应综合考虑检索工具、数据库收录信息的齐全、编制的质量、使用的方便等因素。

第二,在手段上和技术上,有机检条件的一般就不选择手检工具,机检无疑具有较高的检索效率。但是数据库收录的信息至多上溯20世纪六七十年代,若需年代较久远的信息,未必已被回溯建库,所以在选择时必须掌握其收录信息的年代范围,才能获得满意的结果。

第三,考虑价格和可获得性,应选择就近容易获得的检索工具。

三、确定检索途径

检索途径是进入检索的入口,归结起来,有两类检索途径:一是反映信息内容特征(分类、主题)的途径;二是反映信息外部特征(题名、著者、代码等)的途径。上述两类途径构成了信息检索的整个检索途径体系,具体如下:

(一)分类途径

这是按学科分类体系查找信息的途径,采用的是分类目录和分类索引。它以学科概念的上、下、左、右的关系来反映事物的派生、隶属、平行、交叉的关系,能够较好地满足检索的要求。

(二)主题途径

这是利用信息主题内容进行检索的途径,即利用从信息中抽象出来的,或经过人工规范化的,能够代表信息内容的标引词来检索。它打破了按学科分类的方法,使分散在各个学科领域里的有关课题的信息集中于同一主题,使用时就如同查字典一样按字顺找到所需的主题词,在该词下,列出反映该主题内容的有关信息。其最大优点是接近人们的工作和生活实际,直接、准确,采用的概念易于理解或为人所熟悉,把同性质的事物集中于一处,使查检时便于选取。在各学科和其分支交叉渗透日益强化的当前,这种途径的检索是深受欢迎的。

(三)题名途径

这是根据信息的题名来检索信息的途径。它以信息的题名按照字顺编排成一个体系,既简单易行,也便于查检,比较符合一般用户对信息的使用习惯。知道信息题名的读者可以通过这种途径获取所需的信息。但题名往往较长而且复杂,题名相同或相似的甚多,容易造成误检,故不宜作为主要的检索标识。有的检索工具没有将内容主题相同的信息集中,缺乏相关信息的反映等,所以在文摘性和题录性刊物中,一般不采用信息题名途径,而仅仅对期刊进行刊名顺序排列。

(四)著者途径

这是以著者(包括个人及团体著者)的名称,按照字顺编排成一个体系,通过这一体系的排列规律,把某一著者的信息集中起来,通过这一途径能获取该著者所有的信息。

国外对著者途径非常重视,许多文摘性刊物和题录性刊物都把著者索引作为最基本的必备的辅助性索引之一。著者途径的特点是,科研人员一般是各有所长,尤其是有些领域的知名专家、学者,他们的文章和特点一般都代表了一定的水平和动向,通过著者线索,可以系统地发现和掌握他们研究的进展,可以查询某著者的最新论著。一定程度上,还可以引导查找到同类或相关的信息。这种途径的检索既快速又方便,但查得的信息缺乏系统性、完整性。

(五)代码途径

这是通过已知信息的专用代码,如国际标准书号(ISBN)、国际标准连续出版物号(ISSN)、专利号、合同号等来查找信息的途径。它们是一些信息类型的特有标识,与信息有对应的关系。这种索引一般都按照缩写字母字顺加代码秩序排序。在已知信息代码的前提下,用此途径检索信息比较方便、快速,尤其是 ISBN、ISSN 的唯一性使得检索更体现其快速和便捷的特点。正因为信息代码的唯一特征,所以现在人们对信息的外表特征的记忆应该转为对 ISBN、ISSN 等的记忆。

(六)其他途径

有些检索工具还附有一些特殊索引,可用特殊途径找到所需信息的线索,如已知题名、会议时间和地点,则可用"图书索引"和"会议索引"等来检索所需的信息。另外,根据学科性质和它们的不同特点,也出现了一些特殊的标识,由这些标识构成了辅助检索途径,如以地质地理科学的地域区划和地名为标识编制的专门索引。

在计算机信息系统中,检索途径还有很多,几乎信息的每一个特征(如出版社、出版年代等)都可作为检索途径。显然,检索途径的多少直接关系到检索的便利。

多种检索途径各有特色,使用时不可偏废。在检索信息时,应根据检索要求、已知条件、设备是否齐全等因素,尽量综合利用各种途径,取长补短,进行优化选择,以提高检索效果。

例如,为科学研究确定的课题,为了解某一学科的发展历史、研究现状和发展趋势,为制定战略决策和进行预测而搜集有关信息,应以分类途径为主,辅以主题途径;为研究解决某一具体问题或攻克某一技术难关,应以主题途径为主,辅以分类途径;如果已知检索课题的外部特征,则应选择题名、著者、代码等检索途径;如果已知检索课题的内容特征,则应选择主题途径或分类途径。

检索途径确定后,就要根据课题要求拟定相应的检索标识。当选择内容途径时,有时检索工具还要求将确定的检索标识与相应的词表或类表进行核对,以提高查准率。

四、制定、调整检索策略

(一)信息检索的策略

所谓信息检索策略,就是将课题的提问及其检索词与检索工具的收录内容、编排特点相匹配而确定的检索方案或程序。制定检索策略的主要内容是,在分析检索课题的基础上,确定要利用哪些检索工具,确定查找年限和专业范围,确定检索用词并判明各词之间的逻辑关系与查找步骤等事项的科学安排。

(二)制定检索策略的关键环节

第一,对检索课题的标引要准确。这是关系到确立检索目标的大问题。

第二,选择检索工具要注意质量。例如,当检索某一课题时,在有多种检索工具可供利用的情况下,要选择收录内容全面系统、收录年限较长、收录地域范围较广、学术权威性较高、编排方法科学、功能较多、易于使用的检索工具,这样才能提高检索效果。

第三,选择检索途径要全面、综合地考虑,因为各种检索途径都有其利弊,只有全方位、多途径地选择适合检索要求的检索途径,才能达到取长补短、事半功倍的检索效果。

综上所述,详尽分析检索课题,从而确定检索目标,是制定良好检索策略的基础;选择适当的检索工具,是使合理的检索策略得以实施的前提条件;检索途径的确定和检索词的调节,是检索过程的关键环节。只有使这些环节达到最优化,才能优化检索策略。

(三)制定检索策略可供参考的意见

第一,要正确处理检索手段与检索目标的关系。制定检索策略,必须以能实现检索目标为前提条件。

第二,信息检索的特点,一般来说,具有检索目的的唯一性、检索手段的随机性。就是说,检索的目的当然是唯一的、不变的,但检索方法和手段要综合各种条件和背景来灵活、多样地选择。实现同一检索目的,往往具有几种不同的检索方法和途径,应从中优化出一种最省时、省力的方案。

第三,要结合实际,因地制宜,以充分利用现有设备和本单位、本地区的馆藏信息资源为原则,不可超越主客观条件所允许的范围去制定检索策略。

第四,要广开思路。除了利用检索工具书外,还应注意直接利用普通书刊,特别是丛书、丛刊、文集、资料汇编、方志之类的书刊,这对查找专题资料来说,往往能迅速达到检索目的,甚至可以起到事半功倍的作用。

(四)检索策略的调整

检索过程是一个动态的随机过程,在某些检索环节中,会不可避免地产生一些和检索目标相差甚远的现象,如检索词过宽或偏窄而造成扩检或漏检、检索词不规范而引起的误检等。所以,有必要在评价检索效果的基础上,对检索结果进行信息反馈,便于重新修正检索策略,调整检索手段,进行新一轮的循环检索,从而实现检索目标的完善。

检索失误一般表现在误检率和漏检率。如误检率高,则必须进行缩检,其方法如下:

第一,对原检索词增加限定条件,如时间、文种、著者、新检索词等。

第二,换用下位类检索词或下位类符号作为检索标识,进行专指性更强的主题检索或分类检索。

在漏检率高的情况下,要进行扩检,其方法为:减少限定条件;使用上位类主题词或分类号检索;用相关主题词或相关类号进行检索。

五、获取原始信息

这是检索过程的终结,也是进行信息检索的最终目的。需要注意以下几个方面:①将期刊名称缩写(或代码)转换成全称;②对于非拉丁语文字(日文、俄文等)信息的拉丁译文,要还原成原文的名称。

检索人员要进行一次成功的信息检索活动,除了要掌握一般的检索知识和方法外,重要的是要培养综合性的检索能力。当然,这与广泛的知识积累,加强语言文字的阅读理解能力,注重调查研究等方面是分不开的。

此外,还需注意以下有助于成功检索的前人的若干经验:

第一,注意早期的知识积累,掌握常用主题词和分类法在不同检索工具中的标引特点和检索工具著录内容的变化情况等。检索工作最好由科研人员亲自动手,才能熟悉情况,避免漏掉有用的重要信息。

第二，注意尽量利用各种有利条件，从最简捷途径着手检索。具体项目、针对性问题，多从主题索引、关键词索引入手；广泛性、系统性的问题，可考虑从分类体系中查找。欲了解最新信息动向，可以从近期文摘刊物分类目次中选择适用的范畴进行一般性的浏览，吸收"印象"。

第三，要善于交叉补充。除了利用检索工具进行检索外，还要注意利用工作之便的各种现期刊物补充查找。如有条件，最好能利用几种文摘交叉进行检索，可起到信息线索的核对作用，尽管会出现重复，但肯定会得到不少补充，降低漏检率。

第四，查阅信息必须做好记录，最好有专用的笔记本，也可以用卡片或活页本。每次记录时，注明查得信息的各项内容和外表特征，如著者姓名、期刊名称、卷期、年份、页次、题目名称、文摘号以及内容摘要，等等。记录在卡片上，可以事后编排分类，成为专题性的积累，为日后的检索创造便利的条件。

第五，通过检索工具查到的知识所需信息的线索，阅读时要掌握好时间，培养快速阅读的习惯和能力，要能很快地浏览全文并摘出要旨。还需运用专业知识和敏捷的思维决定取舍。阅读时，还要注意记下那些对于进一步检索有所启发的要点，以免过后遗忘。一些往年发表的信息，其主要内容可能早为大型参考书所引证，或随着时间的推移，内容已经老化，或为新的论点所取代，但有时也不宜忽略，因为它可能仍不失参考价值。

六、信息识别的常识

(一)信息类型的识别

不同类型的信息在各收藏单位有着不同的管理方法、入藏地点和借阅规则，在检索工具中也有不同的著录格式。所以，检索者只有识别出信息的类型才有可能查找到所需的一次信息。各种类型的信息都具有一定的著录特征，不难识别。

(二)刊名缩写及其解决办法

为了节省篇幅，检索工具一般都将刊名缩写。刊名缩写是检索者经常遇到的问题，不掌握缩写刊名还原的知识，查找一次信息时就会遇到困难。缩写刊名的查找方法有以下四种：

第一，利用检索工具的刊名缩写表。大型的检索工具一般都有与之相匹配的刊名缩写表，使用起来很方便。根据这些辅助工具，可以将刊名缩写转化为全称。

第二，掌握刊名缩写规则。为了统一刊名缩写，国际标准化组织(ISO)在 1972 年颁布了《ISO-4-1972(E)国际期刊名称缩写法则》的标准，1974 年又提出了一份推荐标准《ISO-833-1974(E)国际期刊名称用语缩写一览表》，它们都对刊名的缩写做了统一规定。

第三，利用美国的《刊名缩写表》(Periodical Title Abbreviations)。比如，缩写刊名"J. C S. S"，可利用《刊名缩写表》查出其全名称为"Journal of Computer and System Science"（《计算机与系统科学杂志》）。原缩写不符合 ISO 标准时，可利用此表查找（此例中"System"的缩写为"sy"，而 ISO 标准规定是"Syst"）。

第四，按照外文缩写习惯来解决。例如，Mech.Eng 是 Mechanical Engineering（《机械工程》）的缩写。

另外，要强调的是，拉丁文关于出处的说明不是刊名的缩写。如 ibid（出处同上），Op.cit（在所引的著作中），Loc.dt（在上述引文中），V.S.（参见上文）等。总之，刊名缩写还原时，应首先使用检索工具配套的辅助工具，若检索工具没有相应的刊名缩写表时再考虑使用其他方法。

第三节 信息检索技术

信息检索技术就是指能够快速、有效地从信息检索系统中查找到用户需要信息的一种查询技术。目前，在实践中应用较为广泛的信息检索技术主要有以下几种：

一、布尔逻辑检索

布尔逻辑检索是检索系统中应用广泛的检索技术，其理论基础是集合论与布尔逻辑。它采用布尔逻辑表达式来表达用户的检索需求，并通过一定的算法和实现手段进行检索。

布尔逻辑表达式是采用布尔运算符来连接检索词，以及表示运算优先级的括号组成的一种表达检索要求的算式。常用的布尔逻辑运算符有三种，分别为逻辑与"and"、逻辑或"or"、逻辑非"not"。

（一）逻辑与"and"

针对某一检索课题，如果有两个或多个检索词，且只有同时满足所有检索词要求的记录才可能是相关的记录，就需要用运算符逻辑与"and"连接检索词。逻辑与运算符通常记为"﹡"。

（二）逻辑或"or"

如果两个或多个检索词的检索条件是"或"的关系，即在检索过程中，只要满足任意一个检索词要求的记录都可以作为命中记录，则需要用运算符逻辑或"or"连接检索词。逻辑或运算符通常记为"+"。例如,查找有关分类组织法和主题组织法的文献,其检索表达式可以表示为:"分类组织 or 主题组织"或"分类组织+主题组织"。

(三)逻辑非"not"

逻辑非运算是一种排除性运算,即检索中凡是拥有该检索词的记录均为非相关记录。逻辑非运算符通常记为"-"。为了保证检索结果的质量,逻辑非运算必须与逻辑与运算同时使用,若逻辑非运算符前有检索词,则此时的"非"运算默认为"与非"运算。在实际检索过程中,常常采用"非"运算来排除某些不相关的信息,从而提高检索的查准率。例如,要检索有关肿瘤治疗方面但不包括手术的文献,其检索表达式可以表示为:"肿瘤治疗-肿瘤手术治疗"。

在检索逻辑中使用逻辑非"not",能排除含有"not"所限定检索词的文献,协助检索出更相关的文献。但是,使用"not"必须慎重。因为如果两个关系紧密的检索词同在一个检索逻辑表达式中,对其中一个使用逻辑非"not"会导致含另一个词的文献也被排除。例如,检索表达式:(白血病 AND 药物治疗)"not"中医疗法,在这个例子中,检索白血病药物治疗方面的文献是检索的主要目的,但由于使用"not"运算符,将同时包含白血病药物治疗和中医治疗的相关文献排除了。

布尔运算符的优先级为:逻辑非、逻辑或、逻辑与。对于一个布尔逻辑表达式,计算机的处理顺序总是从左向右进行的,要改变其运算顺序必须增加括号,括号内的逻辑运算优先执行。

布尔检索表达式的特点:一是与人们的思维习惯一致。布尔逻辑表达式可以表达与用户思维习惯一致的查询要求。用户的查询要求通常用普通的语言叙述,如希望查找有关某一主题的文献、希望查找同时包含主题 A 和 B 的文献、希望查找主题 A 或 B 的文献、希望查找主题 A 的文献(但排除包含 B 的文献),这些查询要求完全可以利用相应的布尔逻辑表达式来表示。二是方便扩检和缩检。在布尔逻辑检索中,利用逻辑或关系连接新的检索词,可以达到扩检的目的;利用逻辑与串联新的检索词可以达到缩检的目的。三是易于计算机实现。由于布尔检索以比较的方式在信息集合中进行匹配,非常易于利用软件来实现,这也是现在的各种检索系统中都提供布尔检索的重要原因。

二、加权检索

加权检索是根据用户的检索需求来确定检索词,并根据每个词在检索需求中的重要程度不同,分别给予一定的权值加以区别,同时利用给出的检索命中界限值(阈值)限定检索结果的输出。加权检索与布尔逻辑检索的区别在于:加权检索的侧重点不在于判定检索词或字符串是否在文献记录中存在,以及与其他的检索词或字符串的关系,而在于判定检索词或字符串在满足检索逻辑后对文献命中与否的影响程度。进行加权检索时,利用检索词查找数据库,每条命中记录将其所包含的检索词根据检索时所设定的权值,分别计算命中记录的权值之和,当已检出记录的权值之和超过或达到阈值时,才为命中信息,否则为非相关信息。

下面分别介绍词加权检索、词频加权检索和加权标引检索。

(一)词加权检索

在检索式的构造过程中,检索者根据对用户检索需求的理解选择检索词,同时,每一个检索词给定一个权重,表示其针对本次检索的重要程度。检索时先判断检索词在文献记录中是否存在,对存在检索词的记录计算其所包含的检索词权值总和,通过与预先给定的阈值比较,权值之和达到或超过阈值的记录视为命中记录,命中结果的输出按权值总和从大到小排列输出。

(二)词频加权检索

词频加权检索是根据检索词在信息记录中出现的频次来决定该检索词的权值,而不是由检索者指定检索词的权值。词频加权检索方法必须建立在全文或文摘型数据库基础之上,否则词频加权将没有意义。

词频加权主要是根据词的出现频率来确定词的权值,通常有两种方式:绝对词频加权和相对词频加权。

绝对词频加权,指检索时累计检索词在记录中出现的次数,检索的记录权值之和由记录包含的所有检索词在记录中出现的次数总和决定。这种方法存在一个缺陷,就是长记录与短记录采取了统一的频次标准,导致了短记录不容易被检出。

相对词频加权,指综合考虑每一个检索词在单个记录中出现的频率和在整个数据库中的频率,从而确定权重。相对词频加权的统计方法:

文内频率=指定词频次/全文总词数

文外频率=指定词在本记录中的频次/该词在所有记录中的频次

(三)加权标引检索

加权标引检索是指在进行文献标引的同时,针对每一个标引词在文献中的重要程度,分别赋予相应的权值,检索时通过对检索词的标引权值相加来筛选记录。一般情况下,主要特征词赋予较高的权值,次要特征词赋予较低的权值,但是必须要有一定的标准,避免导致检索时的混乱和差距过大,这也是加权标引检索的难点所在。

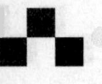

在加权标引检索中,检索的阈值可以从两个方面考虑:一是给每个检索词指定一个阈值,文献中该标引词权值大于其阈值才能作为命中记录,因此避免了次要内容被检出;二是给总的检索结果指定一个阈值,当被检出的记录中所有检索用标引词的权值之和大于阈值时,才被作为命中记录。

三、截词检索

所谓截词(truncation),是指检索者将检索词在认为合适的地方截断。截词检索,又称为模糊检索,主要是利用检索词的词干或不完整的词型进行检索。在检索前,针对逻辑提问中的每个检索词附加一个截断模式说明,指出该检索词在与文献库中的词比较时,采取完整匹配还是部分匹配。在西方语言文字中,一个词可能有多种形态,而这些不同的形态,多半只具有语法上的意义,从用户的角度看,它们是相同的。在中文文献中,如果两个词的某一部分相同,其内在概念上应有必然的联系,检索时不可忽视。因此,大多数系统都采用将检索词截断来进行检索匹配,从而在一定程度上避免漏检。词的匹配形式有如下三种形式:

(一)精确匹配

精确匹配又称不截断,指将检索词作为一个完整的词来检索,记录中具有同一属性的规定字段的词必须与检索词完全相同才算命中。

(二)任意截断检索

任意截断检索是指检索词串与被检索词实现部分一致的匹配。被截取的部分用"＊"来表示,截断形式有前截断(后方一致)、后截断(前方一致)、前后截断(任意一致)三种情况。

前截断检索是指要求检索词与被检索词实现词间的后部相同,即对同词干而前缀不同的概念进行检索。通常在检索项前加一符号,DIALOG 系统采用"＊"。如利用检索词"＊信息"也可检索出包含诸如"经济信息""文献信息""医学信息"等词的记录。

后截断检索是指检索词与被检索词间的前部相同而后缀不同的检索。如检索词"信息＊"可成功检索出含有"信息原理""信息技术""信息系统"等词的记录。

前后截断检索是指检索词与被检索词之间只需任意部分匹配即可。如检索词串"＊检索＊"可以检索出以上两种检索结果的所有组合,如"信息检索技术""超文本检索方法""全文检索式的构成""信息检索"等含有这些词的记录均被命中。

使用任意截断必须慎重,检索词串不能太短,否则会造成大量误检或磁盘溢出,使检索失败。

(三)有限截断检索

有限截断检索是指检索词串与被检索词只能在指定的位置可以不一致的检索。每一个被屏蔽的字符都由一个"?"来替代(汉字应用两个"?"来替代),表示在其前面或后面最多可以有多少字符。例如,检索词"???? 信息"可以恰当地匹配出含有"经济信息""医学信息"等词的记录,而含有"出口贸易信息"的记录将落选。

总之,对于检索系统而言,截词检索的方法可以减少检索词的输入量,简化检索步骤,扩大查找范围,提高查全率。目前,截词检索已在检索系统中得到广泛应用。

四、全文检索

全文检索是指对文献全文内容进行字符串的匹配检索,包括字符串检索、截词检索、位置检索、同义词控制以及后控词表等技术。与其他检索技术相比,全文检索技术的新颖之处在于,它可以使用原文中任何一个有实际意义的词作为检索入口,而且得到的检索结果是源文献而不是文献线索。全文检索技术中的"全文",表现在它的数据源是全文的,检索对象是全文的,采用的检索技术是全文的,提供的检索结果也是全文的信息。

字符串检索指对检索词与库文献中语词的字符片段按一定规则进行对比,查找夹在一个长词中的某个字串。这在西文文献检索中是一种强有力的检索手段,但运算速度比较慢,一般只用于对已命中的结果进行二次检索。

同义词控制是以自然语言为基础的全文检索系统的重要任务。同一词典在系统中的配置及其自动转换,对全文检索系统改善查全率是十分必要的。但目前一般的联机检索系统和网络信息检索系统没有实现这个功能,而把同义词控制的任务通过检索者的智力活动来实现。

后控词表是一种只辅助检索的词表,由系统自动获取检索式中用逻辑加相连的检索词,把它们之间的关系看作同义或近义的关系,形成一个个词表的片段。这种词表在后来的检索中自动把同义词或近义词增补到检索式中去,以提高查全率。后控词表是随着检索量的增加而不断增长的,但需要定期人工检查,以驱除内容含义上不相干的词,降低误检率。

五、超文本检索

超文本(Hypertext),是对原有的单向线性工作、单值媒体或单值排列的一种扩充、一种开拓,实质上是对"文本"的一种扩充,它既是一种信息的组织形式,也是一种信息获取技术。它利用计算机技术、通信技术和人工智能知识表达技术,将包含文字、图像、图形、声音、动画等多种形式的电子信息按其相互之间的关联和可能出现的连续性,进行非线性编排。用户可按照自己的意愿来组织这个相互关联的信息网络系统。同时,只要两个信息单元之间存在着直接和间接的关联,就可以从其中之一出发,顺着关系链接到另一个信息单元。

超文本信息检索系统与传统的信息检索系统相比具有明显的优越性:

首先,它以知识单元为单位,通过链路将同一文献或不同文献的相关部分连接起来,检索时可深入到知识单元,而传统的信息检索系统以文献为单位,检索结果都是整篇文献。

其次,传统的信息检索系统采用准确匹配的检索方法,检索结果是一组未经排列的文献,无法区分它们的重要性,而在超文本信息检索系统中,文献是结构化建立的,并非处于同一层次,用户使用超文本信息检索系统时,可以看到文献间链路以及两个文献间路径或相隔的结点数,并由此确定文献的重要性。同时,还可根据需要在没有链路的文献之间加上链路。

最后,在传统的信息检索系统中,由于不熟悉检索语言和检索策略,给用户造成很大困难。尤其是跨数据库检索时,由于每个数据库具有不同特征和使用不同的检索语言,更增加了检索的难度,而超文本信息检索系统可通过链路浏览,找到所需信息,避免了检索语言的复杂性问题。另一方面,超文本信息检索系统还可以作为一个独特的用户界面,将不同数据库的检索语言一体化。

超文本检索技术是一项综合性的技术,涉及数字处理技术、通信技术、计算机窗口技术、数据库技术、数据存储技术、计算机输入输出以及人工智能的知识表达技术和传递激活技术等。

六、智能检索

所谓"智能检索"可以理解为:①某一用户,为了寻求某一问题的求解方法或获取一些有用的信息来到信息服务中心。②用户不知道如何去精确地描述其信息需求,也就是说无法精确地说明其信息需求。

信息中心的检索咨询人员则可以通过和用户间的交流,从而理解用户的信息需求,通过对一个或多个具有文献描述的数据访问,找出用户所需的信息文献。

从智能的角度来看,要完成上述智能检索过程中的第三步,就要求系统必须:①能够考虑个别用户的特性。②能够在问题描述一级解决用户问题(不需要用户对其情报需求作进一步的特殊描述);能够充分考虑某些概念,比如问题求解状态、系统能力、所需响应的时间等。③有一个完整有效的人—机接口,以便使系统能够和用户进行一些必要的会话。④能够确定存贮有关文献的数据库、文献结构、内容及其用户求解问题的有关知识,并能在检索过程中使用这些知识。⑤能够自动确定用户和文献之间的某些关系。⑥不断学习和自我完善的功能。

智能检索系统的核心是必须具有智能化人—机接口,从而使用户在求解问题过程中能发挥更恰当的作用。同时,必须具备系统推理能力,以此来确定用户及其提问和数据库文档之间的关系。

现有的检索系统增加智能化的人—机接口而形成智能检索系统必须具有:①主动向用户提供检索系统的参数,如数据库分布、更新情况等,帮助选择数据库;②具有语法分析功能,使用户能用自然语言进行提问;③帮助用户确定检索策略;④记忆不同用户使用的检索模式及其对数据库的覆盖范围和对所得结果的评价,以便完成自我学习和更新。而集中融合传统检索技术和人工智能技术建立的新一代智能型情报检索系统,则完全能以自然语言方式接受检索课题,并像人工那样进行课题分析与设计,全过程地自动完成课题的检索。

从理论上讲,一个智能型情报检索系统一般应由六部分组成:①知识获取及加工系统;②情报资料获取及加工系统;③知识库;④知识库管理系统;⑤搜索机;⑥输入/输出接口。开发智能型情报检索系统则必须解决下列问题:①自然语言理解;②知识表示;③推理机制;④知识获取;⑤机器学习。

思考与练习

1. 什么是信息检索?
2. 信息检索的类型有哪些?
3. 简要分析信息检索的步骤。
4. 列举在实践中应用较为广泛的信息检索技术。

第六章 信息分析与成果评价

引言

在信息时代,我们面临着前所未有的信息多样性和量大如海的挑战,因此,能够高效、准确地分析信息并评价其价值变得至关重要。信息分析的质量直接关系到组织和个人在竞争激烈的环境中能否取得成功。成果评价则涉及对信息分析的有效性和效率进行评估。这不仅包括了衡量信息分析对问题解决、决策制定和创新的影响,还包括了对资源投入和产出的评估。成果评价有助于优化信息管理流程,确保资源得以最佳利用。

学习目标

1. 了解信息分析的特点及内容。
2. 掌握信息分析的基本程序。
3. 熟悉信息分析的基本方法。
4. 了解信息分析成果评价的工作流程。

第一节 信息分析概述

一、信息分析的概念

(一)信息分析的定义

信息分析是一门新兴学科,其定义至今尚未统一。据统计,目前国内外有关信息分析及其相关定义多达数十种之多,其中较具代表性的是:

(1)信息分析中心是旨在以最可靠、及时、有效的方式为同行和管理人员编撰、归纳、整理、重组、显示适合的信息或数据,或者为了搜集、选择、存储、检索、评价、分析、综合一个明确规定的专门领域,或与特定任务相适应的大量信息而特别建立的正式组织机构。

(2)情报分析广义上包括信息的搜集、选择、存储、检索、评价、分析、综合、提供诸功能;狭义上包括信息的评价、分析、综合功能。

(3)情报研究是针对用户需要或接受用户委托,制定研究课题,然后通过文献调查和实情调查,搜集与课题有关的大量知识和信息,研究其间的相互关系和作用,经过归纳整理、去伪辨新、演绎推理、审议评价,使科技知识得以系统化、综合化、科学化、适用化,以揭示事物或过程的状态和发展(如背景、现状、动态、趋势、对策等)。

(4)情报研究是以情报为对象,对情报的内容进行整理、加工、鉴别、判断、选择与综合,得出新的情报的科学研究活动。它是整个情报活动中一种创造性劳动,是一种科学研究工作,属于思想库范畴。

(5)情报研究通常指文献情报的分析与综合的过程,即对反映一定时期某一课题领域进展情况的文献情报进行分析和归纳,并以研究报告等多种形式提供专题情报或系统化的浓缩情报,满足用户或读者的专门需要或全面了解该领域的现状和发展趋势的需要。

(6)信息分析的抽象工作目标是从混沌的信息中萃取出有用的信息;从表层信息中发现相关的隐蔽信息;从过去和现在的信息中推演出未来的信息;从部分信息中推知总体的信息;揭示相关信息的结构和发展规律。

(7)信息分析是指以社会用户的特定需求为依托,以定性和定量研究为方法,通过对文献进行收集、整理、鉴别、评价、分析、综合等系列化加工过程,形成新的、增值的信息产品,最终为不同层次的科学决策服务的一项具有科研性质的智能活动。

(8)信息分析是情报研究范围的扩展和社会信息化发展的结果,是针对特定的需求,对信息进行深度分析和加工,提供有用的信息和情报。

(9)信息分析是分析人员根据用户的特定信息需求,利用各种分析方法和工具,对搜集到的零散的原始信息进行识别、鉴定、筛选、浓缩等加工和分析研究,挖掘出其中蕴含的知识和规律,并且通过系统的分析和研究得到有针对性、时效性、预测性、科学性、综合性及可用性的结论,以供用户决策使用。

(10)信息分析是将大量离散、无序、质量不一的信息进行搜集、选择、加工和组织,形成增值的信息产品,最终为不同层次的科学决策服务的一项科研活动。

(11)信息分析是一项内容广泛的信息深加工处理和情报提炼活动,它以大量相关的原生信息为处理对象,通过对原生信息内容的分析、综合或评价,以提炼出对管理、决策等活动有支持作用的情报,为管理、决策等活动服务。

(12)情报研究是以各类用户的特定社会需求为依据制定研究课题,并通过相关信息技术或者软科学研究方法进行与课题相关的信息或知识的采集、加工、分析、综合和评估,最终形成用户所需的情报产品,从而为用户的决策提供依据。

(13)信息分析通过科学的方法将信息转化为有价值的知识、情报,为管理和决策服务,是一项创造性的智力劳动,也是信息资源开发利用的重要环节。

除了信息分析一词外，国外还存在着与其相关的其他概念，如信息处理（Information Process）、信息浓缩（Information Consolidation）、数据分析（Data Analysis）、数据处理（Data Process）、政治军事情报（Military or Political Intelligence）、工商情报（Business Intelligence）、技术跟踪（Technology Tracing）、技术预见（Technological Foresight）、技术监测（Technological Monitoring）、信息经纪（Information Brokerage）等。这些相关概念的内涵和所揭示的工作机理，某种程度上都与信息分析有共通之处。

（二）信息分析的特点

上述定义及相关概念虽然表达方式与侧重点有所不同，但我们可以从中发现一些信息分析所共有的特点：

1. 目标性

目标性是指在信息分析工作中要有的放矢，具有鲜明的针对性。信息分析是针对特定需要而进行的，在这项工作中，要针对经济、社会、科技等方面的实际情况提出信息分析的选题。而建议、设想、方案、预测等分析成果也必须针对决策者、领导者和管理者的决策需要提出。因此，信息分析人员要能及时掌握决策层正在或将要决策的目标，同时要掌握国内外经济、社会、科技等领域的发展现状和趋势，才能使自己在信息分析工作中具有明确的目标。

2. 系统性

信息分析的目的在于使有关的信息和知识系统化、精确化，以便于用户有效地加以利用。它表现在：①系统地收集有关的信息素材，并系统地加以整理，使之成为有序的、便于检索的信息素材或建立数据库。②进行信息分析时要有系统性。从纵的方面讲，要将有关课题历史、现状、未来的信息按时间序列系统地进行研究；从横的方面讲，运用系统工程的观点，对与课题相关的其他科学信息进行综合研究。只有这样，才能对所研究的课题有一个全面的认识，并做出正确的判断。

3. 政策性

信息分析是一项政策性很强的工作。它必须围绕社会发展和经济建设的需要，围绕所在部门、行业、地区的科研和生产的需要而进行。因此，信息分析工作不能违背国家以及所在部门、行业、地区制定的关于发展国民经济、促进社会进步和提高科学技术水平的路线、方针、政策。在信息分析工作中，必须依据这些政策来决定信息素材的取舍，特别是在为决策服务的信息分析工作中，既受到国家现行政策的制约，又为现行政策的修正和新政策的制定服务。所以，政策性在信息分析工作中表现得尤为突出。

4.创造性

信息分析是为用户服务的,信息分析工作要按照信息产品"订购者"的要求专门设计。就具体信息分析工作而言,分析人员常常会面对新问题、新情况、新事物、新技术,需要在全面收集有关信息素材的基础上,经过创造性的智力劳动,产出信息分析产品以支持决策。最终信息分析产品并不是原始信息的简单堆砌,而是信息分析人员智慧和技巧的结晶,具有鲜明的创造性。

5.概率性

信息分析的信息资料来源十分广泛,包括文献信息和实物信息等,其真实程度、相关程度、及时程度和准确程度都很不确定,而且信息分析多数是面向未来的,面对的是一个不确定因素繁多的动态随机环境,因此信息分析结果的可靠性只能是概率数值,不可能是确定的常数。信息分析的目的是尽量使这个概率数值趋近于1。

6.时效性

现代科学技术的迅猛发展,缩短了信息的使用寿命。因此,信息分析要抢时间,争速度,为用户提供及时、适时的研究成果。这里的时效性是指信息分析应有一个上、下时间限度,如果超过时间上限,信息分析成果没有任何意义;如果低于时间下限,由于干扰环境的变化,信息分析成果的价值将大大降低,甚至失去价值。

综合上述有关信息分析的定义及其特点,我们认为信息分析是根据用户需求,对信息进行选择、分析、综合、预测,为用户提供系统、准确、及时、大流量的知识与信息的智能活动。

二、信息分析的内容与类型

(一)信息分析的核心内容

信息分析的内容非常广泛,涉及经济、社会、科技等各个领域。具体来说,信息分析的核心内容包括:

(1)鉴别信息素材的真伪和可靠程度。

(2)判断科学技术的先进性、可行性、合理性。

(3)了解某一学科或领域的发展水平和动向。

(4)发现社会各领域中有发展前途的新增长点。

(5)寻找解决某一类问题的各种方案,为科学决策奠定基础。

(6)评估决策实施的经济效益及其可能产生的社会后果。

(7)分析研究经济、社会和科技发展过程中的关键点与转折点。

(8)总结成功与失败的经验教训,不断提高信息分析水平。

(二)信息分析的类型划分

信息分析从不同角度进行分类,可以分为不同的类型。

1.从影响角度划分

从影响角度划分,可分为战略信息分析和战术信息分析。

(1)战略信息分析。它主要着眼于全局性和长远的目标,重点解决经济、社会和科技等领域的综合性问题,如体系结构、构成比例、发展速度、发展规划、给定期间的发展目标等。战略信息分析一般要求各学科、各部门、各行业合作进行。国际上有许多著名的战略信息分析机构,如美国兰德公司、英国国际战略研究所等。

(2)战术信息分析。它主要着眼于局部性和短期的目标,重点解决经济、社会和科技等领域中的一些具体问题,如技术创新、产品开发、材料更新、设备改造、市场需求等。战术信息分析多在信息机构内部,由信息分析人员进行。随着战术信息分析的日益普及,许多决策者、管理者、领导者和广大科技人员也参与其中。

2.从内容角度划分

从内容角度划分,可分为跟踪型信息分析、比较型信息分析、预测型信息分析和评价型信息分析。

(1)跟踪型信息分析。其主要任务是信息搜集和加工,建立文献型、事实型和数值型数据库,开展定性分析。这类信息分析的目的是掌握各个领域的发展趋势,及时了解新动向、新发展,从而做到发现问题、提出问题、解决问题。

(2)比较型信息分析。其主要目的在于通过比较,了解研究对象的现有水平,找出差距、空白点和薄弱环节,把握研究对象的内在联系及发展规律,认识其本质,为科学决策提供参考依据。

(3)预测型信息分析。其主要目的是根据已经掌握的情况、知识和信息,预先估计和判断研究对象的未来走向和未知状况。

(4)评价型信息分析。其工作重点是分析评价对象,选定评价项目,确定评价函数,计算评价值,给出综合评价结果。

3.从方法角度划分

从方法角度划分,可分为定性信息分析、定量信息分析和半定量信息分析。

(1)定性信息分析。这是根据研究对象所具有的属性和矛盾变化,从研究对象的内在规定性来分析研究对象的一种方法。它一般不涉及变量关系,主要依靠人类的逻辑思维来分析问题。开展定性信息分析,要依据一定的理论与经验,直接抓住研究对象本质的、主要的矛盾关系,排除次要的、表象的矛盾关系。定性信息分析具有探索性、诊断性和预测性等特点,它并不追求精确的结论,而只是了解问题之所在,摸清情况,得出理性结论。常用的定性信息分析方法有:分析法、综合法、因果关系法、比较法、推理法等。

(2)定量信息分析。这是对研究对象的数量特征、数量关系与数量变化进行分析的方法。它通过设计和建立与原型相似的数学模型,并对之进行分析研究,以达到揭示原型的内在联系和规律性的目的。常用的定量信息分析方法有:时间序列分析法、回归分析法、层次分析法、聚类分析法、信息模型法等。

(3)半定量信息分析。这是既包含定性信息分析又包含定量信息分析的综合信息分析方法。在半定量信息分析中,定性信息分析把握研究对象的核心与本质,侧重于宏观描述;定量信息分析把握研究对象的规律与内在联系,侧重于微观分析。常用的半定量信息分析方法有:德尔菲法、内容分析法、价值链分析法、SWOT 分析法、决策树法等。

第二节 信息分析的程序

从流程上讲,信息分析遵循一般的科学研究工作规律,大体上沿着"信息分析课题选择与课题计划→信息搜集、整理与鉴别→信息分析与提炼→信息分析产品的制作→信息传递、利用和反馈"的脉络发展。

一、信息分析课题选择与课题计划

信息分析课题选择是信息分析工作的起点,是指信息分析课题的论证和优选这样一个决策过程。信息分析课题选择是整个信息分析工作中的重要环节,往往关系到信息分析工作的成败。课题选择的正确与否,不仅决定了信息分析的目标和重点,而且也决定了其成果的价值大小。

(一)课题选择的重要性与基本原则

1.信息分析课题选择的意义

(1)信息分析课题选择就是要确定信息分析工作的目标和研究对象,它既是信息分析工作的第一步,也是信息分析活动中的重要战略环节。信息分析课题选择正确,有利于信息分析成果质量的提高,有利于信息分析工作的开展。

(2)信息分析是对政治、经济、科技、社会、文化、教育、军事等方面信息进行分析、综合、研究和预测的科学活动,其作用体现在为各类型用户提供系统、准确、及时的信息分析成果。因此,信息分析课题选择的正确与否,与用户的切身利益密切相关,一项高质量的信息分析成果,在实际应用中将产生极大的社会效益和经济效益。

(3)信息分析课题选择的重要性还在于信息分析经费的有限性。在进行信息分析课题选择时,必须对信息分析课题进行系统的论证,从而确保有限资金的合理使用,以避免造成人力、物力、财力的浪费。

2.信息分析课题选择的原则

(1)科学性原则。科学性原则是指所形成或选择的研究课题必须合乎科学道理,有理论和事实依据。要以被科学实践反复证实的客观规律为指南,避免选择不合理的课题,从而避免走弯路。科学无禁区,选题有限制,所以,科学性原则又称作限制性原则。在实践中,要坚决排除那些从根本上违反科学原理的课题,以是否符合社会发展的客观需要和是否有利于政治、经济、科技、社会等领域的协调发展为标准来选择信息分析的课题。

(2)创新性原则。信息分析的灵魂是创新,研究别人没有提出过或没有研究透的问题,开拓别人没有涉足或深入的领域,使课题具有先进性和新颖性,是信息分析成果能够应用于实践的基础。根据这一原则,在选择基础性信息分析课题时,首先要考虑其理论指导意义;在选择应用性信息分析课题时,则要考虑该课题研究是否能形成新的建议和方案。

(3)必要性原则。必要性原则是指凡是与科研生产、经济建设、社会发展结合紧密的、针对性强的课题,都有必要列入信息分析计划。也就是说,信息分析课题应该是必需的,而不是可有可无的。在课题选择时要正确处理好战略需要与战术需要之间、长远需要与当前需要之间、现实需要与潜在需要之间的关系。

(4)可行性原则。现实生活中有价值的课题很多,由于人力、物力、财力和时间上的限制,不可能把所有的课题都列入研究计划,这就涉及"可行性"问题。对于既定的课题而言,如果信息分析机构已经具备研究条件,或者通过努力可以具备研究条件,这样的课题是可行的。只有权衡利弊、量力而行,才能使所选择的课题不会因自身能力和条件的限制而夭折。

分析可行性原则时,一般应考虑三点:①与课题有关的知识积累情况;②信息分析机构的物质和技术设备条件、资金储备状况;③信息分析队伍的知识结构、研究专长和创新能力等。

(5)效益性原则。从经济角度来说,信息分析活动本身是经济活动的一部分,有大量的人力、物力、财力和时间投入。效益性原则体现了信息分析活动中投入与产出的关系,应以最少的投入产出最大的效益。效益包括经济效益和社会效益两个方面,要正确处理好两者的关系,在信息分析活动中追求经济效益是无可非议的,但当经济效益和社会效益发生冲突时,应坚持社会效益优先的原则。

(二)信息分析课题的来源

从课题提出者的角度来划分,可以将信息分析课题来源归纳为以下三个方面:

1.上级主管部门下达的课题

国家各级政府部门、企事业单位在制定规划、作出决策前,常常会遇到各种各样的问题。为了有效地解决这些问题,国家各级政府部门、企事业单位常以课题的形式向所属的信息分析机构下达研究任务。这类信息分析课题具有极强的针对性、政策性和战略性,是限时限题的硬任务,要求明确、具体,时间紧迫,多为突击性任务。

2.用户委托的课题

在市场经济体制下,用户委托的课题正在逐年增多。各级各类用户由于科研、生产、教学、管理、营销的需要,常以各种形式提出信息分析课题,委托信息分析机构帮助解决,这是信息分析机构课题的主要来源渠道。用户经常以咨询委托书的形式提出信息分析课题。咨询委托书的内容一般包括咨询的目的、内容、性质、形式、进度、经费等事项。这种信息供求模式具有灵活性、开放性、竞争性和高效性的特点,因而广受用户和信息分析机构的青睐。

3.信息分析人员提出的课题

这类课题主要是信息分析人员根据长期积累和主动调研,针对国民经济和社会发展的实际需要总结出来的。实践证明,由信息分析人员慎重而大胆地提出的课题,不仅具有很好的前瞻性,而且课题的后续研究工作也容易开展,容易取得丰硕的研究成果。

上级领导部门下达的课题和用户委托的课题称为被动选题,信息分析人员提出的课题称为主动选题。各类选题数量并无固定比例,在实际工作中,各类选题的比重会因为机构性质、研究者身份以及社会环境的不同而有所差异。例如,各级政府部门、企事业单位下属的信息分析机构接受上级主管部门下达的课题多一些(如高校或科研机构);具有独立法人地位的信息分析机构承接用户委托的课题多一些(如咨询公司或调研公司);规模庞大、人员素质高的信息分析机构自己提出的课题多一些(如赛迪);在市场经济发达、用户信息意识强、社会信息化程度高的地区,信息分析机构承担的用户委托的课题就多一些。

(三)课题选择步骤

1.课题提出

提出课题是选题的起点,其过程实际上是一个发现矛盾和揭示矛盾的过程。对于上级主管部门下达的课题和用户委托的课题,这一阶段的工作不多,主要是对课题进行形式上的整理和粗略的分析,以使课题明确化。这一阶段的工作难点在于信息分析人员提出的课题,它取决于信息分析人员敏锐的信息意识、丰富的知识和经验、发现问题的能力以及对客观信息需求的把握。信息分析人员要了解用户新的动向、新的要求,使课题的提出与实际需求同步发展,具有较强的针对性、预见性和能动性,使有限的经费发挥最大的效用。

2.课题分析

这一阶段的主要任务是进一步明确课题的目的、范围、对象、意义、要求、难度、费用、完成期限等,并对课题实施的政策性、必要性、可行性、效益性等进行论证。这些工作的开展以占有大量的资料为前提,开展调查研究,采集信息资料和样本,并在此基础上进行分析论证,再在资料、人力具备的情况下,扬长避短,确定课题。例如,如果分析研究结果表明该课题对国民经济和社会发展有意义、有贡献,则认为是必要的,甚至是紧迫的;反之则可以考虑将该课题淘汰。在必要性的基础上,如果分析研究的结果还进一步表明该课题的材料太多、范围太宽泛,则需要考虑是否应在选题范围或完成期限、费用上做出相应的改变,如缩小选题范围、延长完成期限、开展联合攻关、提高收费额度等;倘若材料极少或国内已经有人选择并研究过这方面的课题,则应当考虑是否放弃该课题或调整该课题的研究方向和角度。

3.选定课题

经过调查研究,符合政策性、必要性、可行性、效益性、科学性等原则的课题一般不会只有一个,这就需要进行筛选和确定。这一阶段的实质是在多种可选课题中选择一个最恰当的课题。此阶段的工作带有强烈的综合性,一般情况下,要请相关用户、专家等进行讨论,有时需要经过多次论证,提高课题的使用价值。

经过选定的课题一般要以开题报告的形式反映出来。开题报告是预研究的成果,通常以书面形式体现选题的目的、意义、初步拟订的实施方案等。

课题选定的同时要选定分析人员,在开题报告中要论证课题组成员组成的合理性。需要选择具有渊博的专业知识、强烈的信息意识以及卓越的综合分析能力的信息人员组成课题组,开展研究。

4.签订合同

开题报告经确认后,如果是被动选题,甲方(信息分析机构)与乙方(上级主管部门或用户)之间一般还要就该课题的有关事项签订书面合同。为保证合同具有法律效力,一般要寻求公证部门予以公证。课题合同书的内容通常包括合同编号、课题名称、课题内容、质量要求、成果提供形式、进度要求与完成期限、经费数额与支付方式、甲乙双方应承担的责任和义务、成果权的归属及转让、奖惩办法等。

（四）课题计划

选定信息分析课题后,就要制订相应的课题计划。计划是行动的纲领,课题越大越复杂,课题计划就要越周密、越详细。一个较大的信息分析课题的研究计划至少应包括如下内容:

1.课题目的

课题目的即课题要解决的主要问题。课题计划应以简洁清晰的文字阐明课题的目的,如课题的来源和意义、课题提出的背景、课题拟解决的主要问题、课题服务的对象、研究成果可能取得的效益等。

2.调查大纲

在明确课题目的的基础上,课题计划应制订详细的调查大纲。调查大纲的具体内容因题而异,一般应包括调查方式(文献、实地)、调查范围(内容范围、地域范围、资料范围)、调查步骤、调查的广度和深度等。

3.研究方法和技术路线

信息加工整理、分析的方法很多,不同的方法有不同的特点,对信息采集有不同的要求。因此,应根据课题的性质和研究条件在课题计划中预计课题研究可能采用的研究方法和技术路线。这样有助于减少弯路,提高信息加工整理、分析阶段的工作效率。

4.产品(研究成果)形式

根据调查目的和用户要求,初步设想一下研究成果的形式,对于确定资料搜集的深度、合理使用人力、科学安排时间等都是有好处的。例如,研究成果形式是资料汇编还是综合报告,是简单建议还是可行性论证,是一次性报告还是分阶段连续性报告,这些都要进行预先设计。

5.组织分工

根据课题组成员的特点和调查大纲的要求,合理安排成员的具体任务。可先按单位分工,然后将分工深入每一课题组成员。具体来说是根据每一课题组成员的能力和知识结构,给每一课题组成员分配一些合适的、具体的工作任务,如谁是课题组组长、谁负责对外联络、谁负责翻译外文资料、谁负责采集数据、谁负责对数据进行分析处理、谁负责撰写课题成果报告等。

6.完成时间和步骤

为了便于检查计划执行情况,一般按照信息分析工作的程序将整个课题研究活动分为若干阶段,并提出各个阶段预计完成的时间和拟实施的步骤。

这些阶段包括:信息资料的搜集和摸底阶段,信息资料的整理、评价和分析阶段,信息分析产品的制作、评价和利用阶段等。

7.其他

如完成课题任务所需要的人员、经费、技术、设备等条件。

在具体实践中,一些信息分析机构除了要求提交文字材料外,还要求提交一张格式化的课题计划表。

课题计划是信息分析人员的行动纲领,但它并不是一成不变的,随着研究工作的开展和研究环境的发展变化,原有的计划可能会被修改、补充,特殊情况下还有可能被废止。

二、信息搜集、整理与鉴别

信息搜集、整理与鉴别,是开展信息分析的基础。信息搜集前要研究信息来源,掌握各类信息源的特点,分析研究主题范围,掌握必要的观点、数据及关键资料,然后对其进行初步整理及鉴别。

(一)信息搜集

信息搜集一般包括文献调查和社会调查两种途径。为提高信息搜集的效果,信息分析人员应遵循:全面系统性、针对适用性、真实可靠性、及时新颖性和计划预见性原则。

1.文献调查

文献调查主要用于文献信息的搜集。文献信息源是我们借以进行文献调查的依据。

(1)文献调查的方法

文献调查主要包括系统检索、追溯检索、浏览检索和纵横检索等检索方法。

系统检索法是指根据课题需要,利用检索工具和阅读重点新书新刊,对文献进行系统扫描,从而获得文献线索,搜集文献素材的方法。它是文献调查的主要方法。利用检索工具时,可按类别、主题、作者、机构代号等途径去查找所需文献素材的线索。目前,国内外可利用的检索工具很多,但需根据课题性质予以选择,才能取得良好的检索效果。利用文献索引普查,系统性强,查准率高,还可初选文献,比用其他类型检索工具搜集文献信息更集中、更直接。

追溯检索法是指根据课题相关文献所列参考文献目录或根据对该课题有专深造诣的学者、机构所写的文章的参考文献目录追溯查找,以滚雪球的方式逐渐扩大线索,从而获得文献素材的方法。这一方法适宜查找课题范围较窄的专题信息。追溯检索结果质量的高低,与初始已知文献的选择有关。追溯检索法的优点是检索结果的系统性强,在没有或缺乏检索工具的情况下也能获得不少相关度较高的文献,同时,检索者还可以根据实际检索情况控制检索的数量。这种方法也存在缺点:第一,参考文献的误检率和漏检率比较大;第二,追溯的时间越久远,获得的文献内容越陈旧;第三,不适合内容广泛的综合性、大型课题的检索。

浏览检索法是指信息分析人员通过系统地阅读文献资料来搜集最新产生的文献素材的方法。通过该方法还能搜集到一部分不为检索工具或参考文献收录的、非正式出版的文献素材,从而有效地提高搜集效果。该方法对产品样本、新闻图片、科技消息、商业广告以及新版期刊书目等的搜集,具有良好的效果。

纵横检索法是指以研究课题中有代表性的作者为线索,通过检索工具,往纵向和横向扩大来获取文献的方法。其中,纵向扩大是指通过检索刊物中的著者索引,以时间为纵轴,查找出这些代表性作者的一批文章,尤其是该课题处于研究热潮时撰写的文章。横向扩大是指在这些代表性作者文章所属的类别或主题下,以内容为横轴,查找出一批其他作者的类似文章。该方法是信息分析人员通过多年的工作实践逐渐摸索出来的一种检索方法,其特点是容易掌握、使用方便、检索效果也较好。运用此法时,是否能准确判断某一领域的代表性作者对检索效果的影响极大。

(2)文献调查的步骤

第一,明确课题概念与查找目的。此步骤对课题开展十分重要。当课题比较生疏时,应该先参阅工具书或有关专著,明确概念,如该课题属于哪一个学科或者知识门类,该课题包括哪些技术和内容等。明确概念后,再据题分析,确定查找方法。根据课题要求和信息数量,进行由近及远追溯检索或由远及近现期检索。

第二,确定检索方法。根据不同情况选用不同的检索方法。当缺乏检索工具时,可以用追溯检索法,借助文章末尾所附的参考文献逐一追踪查找来获取文献;当检索工具齐全时,可用系统检索法,借助检索工具由远及近或者由近及远地查找文献;如果一时难以确定课题所属的学科类别或者主题,可采用纵横检索法,从代表性作者入手查找文献。

第三,选择检索工具。选择检索工具时,首先应当考虑的问题是:检索工具收录的内容必须与课题的内容相吻合,检索工具所使用的文种必须是自己掌握或熟悉的。在收录内容相近的几种检索工具中,应当选择其中质量最高的一种。检索工具的质量主要从这样几个方面来考察:报道速度、分类表或者主题词表的详略、作为检索途径的辅助索引的多少等。在一般情况下,应先利用综合性的检索工具,再利用专业性的检索工具;根据语言习惯先中后外,通过中文检索工具,了解哪些国外信息已在国内报刊报道,哪些文献已被翻译,需要时再利用国外著名的检索工具。

第四,查找和获取文献。通过检索工具获得文献线索后,在查找和获取文献时,要先近后远,首先利用本单位、本地区的收藏。如果本单位、本地区的图书情报部门没有收藏该书或者该刊,再通过全国的或者地区的联合目录,查出收藏单位,然后向该单位发函,请求他们邮寄原件或者复印件。如果国内缺藏,则可委托有关图书情报部门,通过国际互借获得原件或者复印件。

搜集文献素材应先易后难,尽可能做到"广、快、精、准"。由于计算机网络技术的快速发展,许多文献资料的查找和搜集可以利用联机检索或网络数据库检索来解决。

2.社会调查

社会调查又称实际情况调查,是以信息搜集为目的的社会实践活动的总称。社会调查既包括对人的访问,也包括对实物、现场的实地考察。社会调查是搜集信息的重要途径,也是提高信息分析效果的有力措施。2012年,内蒙古北疆生态文明建设有限责任公司对内蒙古京津北三河源地区湿地进行调查研究,先后三次组织专家、领导深入湿地现场,通过典型调研、组织座谈、访问干部群众等实践调查活动,取得大量第一手资料,把握了当地经济社会发展现状和湿地基本情况,对该地区的湿地功能和价值做出了科学的评价,为全区湿地保护工作的开展起到了促进作用。社会调查还可以了解过去和现在本地域内有关该课题的研究现状、存在问题及今后发展设想等信息。

社会调查主要包括现场调查、访问调查、样品调查、问卷调查等。

(1)现场调查

现场调查是信息分析人员深入现场参观考察或参加学术会议等直接获取第一手信息的方法,如实地参观、参加会议(学术报告会、经验交流会、学术研讨会、座谈会、贸易洽谈会、博览会等)、出国考察等。通过现场调查可以及时捕捉到一些难以明确表达或难以传递的信息。通过现场调查,可以直接观察到文献资料上无法看到的现象(如现场表演、生产过程、辩论场面、实物展览等),可以直接目睹国外动态。另外,通过现场调查获得的信息具有直观、形象、真实、生动、可靠的特点。

(2)访问调查

访问调查是通过向受访者询问以获取所需素材的方法。访问调查的传统方式是直接面谈(又称访谈)。这种访问调查形式的优点是灵活性好,信息交流和反馈直接迅速,适用于讨论复杂的问题;缺点是费用高、受时空的约束和影响大。直接面谈一般可分为个人面谈、小组面谈和集体座谈三种类型。

访问调查的另一种方式是电话采访法。这种方法是通过电话线路建立与受访者的联系以获取所需素材的方法。其优点是受时空约束和影响小,可以避免直接面谈时可能出现的尴尬局面,交谈双方也不容易怯场,因而是一种既快捷又经济的方式;缺点是不能捕捉由动作、表情等形体语言传递的信息,信息吸收率低。近年来出现的可视电话系统在某种程度上弥补了这种缺陷,使信息吸收率有所提高。

随着网络的发展,诸如"聊天室""讨论组"等基于互联网的应用广泛流行,将访问调查搬到了网上,这些新型访问调查方式的出现,极大地提升了访问调查的质量和效率。

不论哪种方式的访问调查都应注意计划性。一般要事先拟定调查提纲,选好调查对象,约定采访时间,并对提问方式和应对措施有一个粗略的心理准备,以防临阵不知所措。

(3)样品调查

样品调查是搜集实物信息常用的方法。被调查的对象不是人,也不是场所,而是某件实物样品,如机器、零部件、试剂、种子、标本、文物、乐器等。样品调查内容包括:样品存放线索的调查、样品的获取、样品实物信息的挖掘。样品存放线索的调查主要涉及样品的存放位置、保管者、所有者以及获取方式的调查;样品的获取一般有购买、接受馈赠、租借、互换等几种形式;样品实物信息的挖掘要借助一定的方法。不同的实物样品,显在实物信息和潜在实物信息的获取方式是不一样的,其中,显在实物信息可通过拆卸、重组、观察、测量、实验分析获取;潜在实物信息的挖掘要借助于反求工程技术的帮助。样品调查在商品市场信息分析、竞争情报研究中有着极其广泛的应用。

(4)问卷调查

问卷调查是社会调查的主要方法。它是指信息分析人员向被调查者发放格式统一的调查表并由被调查者填写,通过调查表的回收获取所需信息的方法。

(5)网络调查

随着互联网的普及,网络调查法具有时效性强、范围广、成本低、交互性好、抽样丰富等特点,并且利用 Internet 进行网络调查搜集信息,可以有效地对采集信息的质量进行系统的检验和控制。

(二)信息整理

从整个信息分析的过程看,信息整理属于信息的初级组织,其主要任务是对所搜集到的信息进行初步加工,目的是使之由无序变为有序。信息整理包括形式整理和内容整理两个层次。

1.形式整理

信息来源和搜集途径的多样性,使得所获得的信息数量大、内容杂、体系乱,必须进行分类筛选和加工整理,使之有序。因此,需对信息按课题要求进行取舍。形式整理的方式因人而异,但从实践上看,以下三种形式的分类整理通常是不可缺少的:

(1) 按信息载体分类整理

不同的载体有不同的性质、特点和保管、存贮要求。因此,按载体分类整理是必不可少的,通常可分为纸张(卡片)、磁盘、光盘、缩微品、视听资料、实物等几大类。

(2) 按使用方向分类整理

按使用方向分类整理所搜集的信息大体上可分为两大类:一类是面向某个具体课题的,即信息搜集人员在某个课题计划下达后围绕具体的课题计划所搜集的信息;另一类不针对某个具体的课题,但与信息分析机构的性质和今后可能立项的课题有关,属于日常积累型信息。这两类信息有着明显不同的使用方向,应当分门别类处理。

(3) 按内容线索分类整理

按内容线索分类整理即整理人员按信息内容线索对所搜集的信息进行粗略的形式上的排序,一般分为以下几类:

一是研究类。凡与课题研究有关的信息都集中在这一类下面。包括:课题的概念和重要性,进展情况,研究对象、方法、手段和材料;课题发展状况与当前研究水平;课题的结论;课题可能应用前景,与其他领域的关系等。

二是技术类。凡与技术开发有关的信息都集中在这一类下面。包括:技术兴起的背景和开发的目的;技术的原理和优缺点;产品的结构、外形、包装、性能;产品或技术的研制情况及其发展状况;技术的推广应用及应用后的社会和经济效果等。

三是政策类。凡与政策有关的信息,都集中于这一类下面。包括:制定该政策的原因、背景;党政领导人针对该政策的有关讲话;报纸、杂志对该政策的评论、解释;该政策的内容与实施情况;该政策实施后的效果及贯彻执行中遇到的问题;其他国家类似的政策和法令或限制性规定等。

四是人员、设备、经费类。凡与研究和研制有关的,而非科学研究、技术研制和产品开发本身的一些信息都集中于此。包括:研究或研制的方法、材料、设备;国外对同类研究或研制项目的投资情况;国内外研究该课题的其他科研机构的情况;国内外开发同一技术或研制同一产品的其他单位的情况等。

这种分类整理具体分多少类、分哪些类以及如何归类,没有一个统一的模式,一般根据课题或信息分析机构的性质和所搜集的信息内容而定。

2. 内容整理

内容整理是在形式整理基础上的进一步深化,是从内容角度对信息的再处理,通常包括信息内容的理解和揭示两个阶段。

(1)信息内容的理解

信息内容因其表现形式不同而采用不同的理解方式,常见的有阅读、收听或观摩等。

第一,阅读。阅读通常分为初读、通读、精读、整体阅读4个相互衔接的阶段。其中,初读的任务是确定信息的取舍,进一步剔除那些不合需要的信息,从中发现有价值的信息;通读的目的是掌握信息的大概内容,确定需要进一步精读的重点信息;精读是一种有选择的重点阅读方法,通常要反复进行,直至琢磨、消化和吸收到其中有用的信息;整体阅读是一种快速阅读方法,它在精读的基础上将信息材料各部分贯通起来,由此达到把握信息材料主题的目的。严格来说,阅读过程已经步入了信息分析阶段,特别是精读,信息分析人员要把需要解决的问题与所搜集信息中的理论、实验和方法进行比较,从信息资料中寻求解决问题的答案。

第二,收听或观摩。声像信息和实物信息通常以声音、图像或实物形式表现出来。因此,对这类信息通常只能通过收听或观摩达到理解其内容的目的。收听或观摩在本质上与阅读是相同的,一般也要反复进行,次数越多,信息内容挖掘的程度也就越深。

(2)信息内容的揭示

为了便于信息分析阶段使用所积累的素材,通常还要对所理解的有用信息内容予以揭示,即以某种便于利用的方式体现或展示出来。

揭示信息内容最常见的方式是摘记。摘记有报道式、节段式和提要式三种。具体使用哪种方式,要视素材的性质和内容而定。

报道式摘记主要用来处理动态、综述和评述性文章,特点是不逐字逐句摘录,只是在阅读理解的基础上,将该段文章内容融会贯通,然后用摘录者的语言简明扼要地叙述,成为一篇保留原意的短文。

节段式摘记用以处理研究论文和实验研究报告。其方法是把一篇文章重点句、节、段等原封不动摘录或摘译下来,不要求文章连贯。摘录的重点是:研究对象、实验或研究目的;实验或研究的材料、条件和方法;实验结果或研究结论;参考文献等。

提要式摘记通常用来处理供一般参考的非重点文章。这种摘录方式是以极少的文字,将文章中最重要的信息提纲挈领地抄录下来,而不涉及文章的详细内容。

(三)信息价值鉴别

在信息整理过程中,信息人员总会自觉或不自觉地对原生信息的价值进行鉴别。信息价值鉴别主要是对所搜集到的信息进行可靠性鉴别、先进性鉴别和适用性鉴别。

1.信息可靠性鉴别

信息的可靠性一般包括四个方面的含义:真实性、完整性、科学性、典型性。信息有文献信息、实物信息和口头信息之分,要分别进行鉴别。

(1)文献信息可靠性判断

文献信息的可靠性取决于其所依附的文献的可靠性。一般可归结为"十看":

①看作者。知名专家、学者及其他 R&D 人员撰写的文献一般比实业、商业、新闻界人士撰写的文献准确、可靠。

②看出版机构。一般来说,一些著名的出版社,为了自己的声誉,十分注重出版书刊的质量;一些著名的学术团体创办的刊物,有由著名专家组成的编委会,有严格的审稿制度,因而刊物水平高,资料比较可靠。因而,著名高校、权威出版机构出版的文献可靠性较强。

③看文献类型。科技图书出版周期长,内容更新较慢,但影响长远,内容成熟,资料可靠;专业期刊、会议文献和专题报告较为成熟可靠;评论性刊物的文献报道客观,内容丰富可靠;内部出版物内容新颖,比较真实,但不够严谨,可靠性不如公开出版物;学位论文一般来说内容真实,但观点不一定成熟;专利、标准文献比一般书刊可靠性大;产品说明书比产品广告可靠性强。

④看来源。官方来源的文献比私人来源的文献可靠;专业机构来源的文献比一般社会团体来源的文献可靠。

⑤看被引用率。反复被他人引用的文献可靠性强。

⑥看引文。引用(或参考)的文献权威性越强,则可靠性也越强。

⑦看程度。最终报告比进展报告可靠;正式标准比试行标准或标准草案可靠;分红配股方案比预案可靠。

⑧看密级。机密信息可靠性强于公开信息,但弱于绝密信息。

⑨看内容。文献本身论点鲜明、论据充分、数据翔实、逻辑结构严谨,则可靠性强。

⑩看实践。已实际采用或被实验检验证明能达到预期目的的信息可靠性强。

(2)实物信息可靠性鉴别

①看实物研制者。具有较高级的专业技术职称、知名的研制(设计)者研制(设计)的实物所含信息的可靠性强。

②看生产机构。国家大型企业、重点企业生产出来的实物产品所含信息的可靠性较强。

③看商标。拥有驰名商标的实物产品所含信息的可靠性强于没有注册商标或商标没有知名度的实物产品所含信息。

④看关键技术内容。专利产品所含信息的可靠性强于非专利产品所含信息。

⑤看实践效果。经使用证明功能强、效益高、性能稳定、故障率低的实物产品所含信息的可靠性强。

(3)口头信息可靠性鉴别

①看发言者。知名人士发言时所传递的口头信息的可靠性强于一般人员发言时所传递

的口头信息。

②看场合。在重要的、正规的场合传递的口头信息的可靠性强于在一般场合、非正式场合传递的口头信息。

③看内容。内容系统、全面,尤其是发言者作出承诺的发言,其传递的口头信息可靠性强。

④看其他听众的反应。如果有其他听众,则其反应或间接评价可作为一个参考依据。

2. 信息先进性鉴别

信息的先进性很难用一句简单的话加以概括,这是因为信息的先进性有多方面的含义。一般来说,科技成果的先进性是指研究工作在科学技术领域的某种创新或突破。它表现在以下几方面:第一,在同类领域中提出了新理论、新原理和新概念,或者在原有的基础上有新的发现;第二,在同一原理的基础上创造了新方法和新技术;第三,在原有的实验基础上发现了新事实、新现象,提供了新的数据和实验结果;第四,对原有技术和方法在不同领域或地区有新的应用,取得了良好的经济效果。可见,衡量信息的先进性,至少应当包括时间和空间两项指标。

信息的先进性表现在时间上,主要指信息内容的新颖性,即在此以前从来没有披露和报道过这一内容的信息。信息的先进性除了时间外,还受到空间的约束。也就是说,信息的先进性可以按地域范围分为许多级别,如世界水平、国家水平、地区水平等。

3. 信息适用性鉴别

信息适用性是指信息对于接受者可以利用的程度。信息的可靠性和先进性是适用性的前提。当然,信息的适用性还受地理、气候、科技、自然资源和经济实力等多种因素的制约。判断信息的适用性,要将信息提供方与使用方的政治、经济、科技、自然资源等各方面的情况加以比较,找出异同,最终确定"消化吸收"能力。信息适用性是决定信息价值的一个重要因素,它可以从下列几个方面来判断:

(1)从信息发生源的自然条件和技术水平来判断。对比信息提供者和接收者双方的自然条件和科技发展水平,可以判断信息的适用程度。一般说来,在地理与气候等自然条件处于相似状态、科学技术发展处于同一水平和发展阶段的国家或地区,其信息可以相互借鉴,而对于科技水平远远高于或低于自己,或自然条件差异甚大的国家提供的信息应持慎用态度。

(2)从信息吸收者来判断。主要从信息接收方的科学技术发展的基础和条件来判断,这种判断一般考察两个问题:一是需要解决什么实际问题,二是适合吸收什么类型的信息。

(3)从长远发展和综合效果来判断。因政治、经济、历史等因素,各国政治、经济、科学技术的发展水平是不平衡的。某些高精尖技术可能对一些技术不发达国家还一时用不上,但将来总会用上。因此,在判断信息适用性时,不仅要考虑当前的需要,还应考虑将来的发展,作一些必要的技术贮备。例如,空间科学是美俄两国出于军事目的而发展起来的一门尖端科学,但从中却引出了不少相关技术,如遥感技术和卫星通信技术,这些技术有重大的经济价值。

(4)从专家的评论意见来判断。一项新理论、新技术、新产品出现以后,专业杂志或报纸往往会对其加以评论。成果是否适用,常常可参考相关专家发表的评论。从这些评论中,可以间接了解到该理论、技术或产品的适用范围。这些评论只要论据正确,就可作为判断依据。为此,信息分析人员应重视外界对新理论、新技术、新产品的反应与评论。

(5)从社会实践效果来判断。某个理论、某项技术、某种产品是否适合本国、本地区采用,从与自己情况基本相同的其他国家和地区的实践活动中可以得到印证。国际水稻研究所在菲律宾培育出了一种高产水稻品种,并在菲律宾推广获得了丰产效果,但印度北方高寒贫瘠山区引进这一品种以后,则严重减产。这一事实表明,该产品只适用于在我国南方推广,而不能盲目引入北方高寒地带。

搜集的信息经过鉴别以后,剔除那些不可靠的和不需要的信息,这就是筛选。在筛选中还要区别主要信息和次要信息、核心信息和一般信息,以便于选择信息资料时心中有数。原始信息经过鉴别、筛选与整理后进入综合分析与提炼阶段。

三、信息分析与提炼

信息分析与提炼是信息分析活动过程中最为关键的一环,在这以前的选择信息分析课题、制定信息分析计划、搜集和积累信息等阶段都是为了信息分析与提炼阶段做前期准备工作;在这之后的编写信息分析报告、成果评价则是对信息分析与提炼过程与结果的描述和总结。该环节侧重于对原生信息进行精加工,带有浓厚的软科学研究色彩。

(一)综合加工和融合加工

1.综合加工

综合加工是进行信息分析与提炼的一种基本形式,它把通过各种渠道获取的信息集中起来,以一些零散的信息作为线索,利用其他方面的补充信息来帮助鉴别、理解,并综合拼接成完整的信息"画面"。各种不同角度、不同深度,甚至是不同准确度的分散的信息,一旦进行了综合加工,就能使之条理化、系统化,概括出相对完整、准确的信息分析结论来。例如,美国未来学家奈斯比特在撰写《大趋势》一书时,通过对12年间二百多万篇新闻报道进行综合加工,涓涓细流,汇成浩荡的巨川,得出了美国社会发展的十大趋势,指出信息社会的到来是美国社会最根本的变化,从某种角度反映了现代社会发展的重要方向。

2.融合加工

融合加工也是进行信息分析与提炼的一种基本形式,它是通过分析与研究对象性质相同或相近的事物的有关知识和信息,吸收各方的精华,将它们融为一体进行加工,使之产生质的飞跃,得出更新颖、更科学的知识和信息。

适用于综合和融合加工的信息分析方法有综合、比较、相关分析等,综合和融合加工常应用于水平动向信息分析、技术信息分析和开发新产品的信息分析等方面。

(二)提炼和推论

1.提炼加工

提炼加工是信息分析与提炼的一种重要形式,常用的提炼加工有共性提炼、特性提炼和典型提炼。

(1)共性提炼。共性提炼是指从反映同一事物但不同时间、不同空间或不同性质的素材中,寻找相同的特点、步骤、方法和规律。例如,从各个国家发展机械制造业来看,尽管时期不同、国别不同、技术水平不同、成效也不同,但可以提炼出共同的特点、做法和规律,即都十分重视新科技成果的引进、吸收、消化和推广应用。

共性提炼常用的方法是概括、比较、求同思维等,它多应用于有关技术政策、经验教训和科学管理等领域的信息分析活动之中。

(2)特性提炼。特性提炼是指从反映同一事物,并具有大致相同状况的素材中,从时间、空间或性质状态等角度寻找不同的特点、步骤、方法和规律。例如,从美国、苏联和加拿大等最先发展核电站技术的国家来看,都经历了独立开发、功率从小到大、原料立足于国内、建立全套本国核电工业体系、批量生产并进入国际市场这样一个发展过程,然而在这些共性之中仍可经过特性提炼寻找出各自的个性差异。在发展其核电站技术时,加拿大作为无核武器国家,自己无浓缩铀生产、电力工业发达、有相当的重水生产能力,这些特殊条件决定了加拿大发展核电技术要走与美国和苏联不同的重水堆的道路,并获得了成功。

特性提炼常用的研究方法有比较、分析、图示、求异思维等,它多用于有关市场、工艺设备、产品开发、发展规划等方面的信息分析活动之中。

(3)典型提炼。典型提炼是指从反映同一事物,但时间、空间、性质和状态等方面存在某种差异的素材中,选择一种或少数几种与目标事物具有类似的特点和类似的条件并可用来借鉴的信息。

典型提炼常用的方法是调查、比较和枚举等,它多用于有关产业发展政策、科技政策、经验教训和技术等方面问题的信息分析活动之中。典型提炼后的事例具有鲜明、形象、具体等特点,其作用不可忽视。

2.推论加工

推论加工也是一种常用的信息分析与提炼形式,它有预测性推论和判断性推论之分。

(1)预测性推论。预测性推论是指根据事物的过去和现在的状况推测其未来的发展前景和趋势,着眼于解决"将来"的问题。它可以用于预测地球、人类、国家、地区的未来发展状况。此外,预测性推论还被广泛地用来预测某一技术、产品、市场等的发展趋势。例如,在电信业务领域,网络运维管理部门对电信业务的运行分析,主要是通过观测某个地区某一时间段内某项电信业务随时间变化的运行情况,利用业务数据分析引起业务变化的可能影响因素,预测在近期之后的一段时间内该业务的开展趋势,以评估测算网络支持能力,并随之做出调整。

预测性推论常用的研究方法有趋势外推、信息模型、相关分析、回归分析、专家调查等。

(2)判断性推论。判断性推论是指在同一时间条件下,根据已知事物来判断未知事物,致力于解决"现在"的问题。例如,根据化合物的成分与结构推断其合成方法;根据设备外形尺寸推测其内部可能的部件和结构;根据某企业的内部电话簿,推测其内部机构组织系统设置与职能,并估算该企业的预算等。

判断性推论的常用研究方法有相关分析、形态结构分析、内插分析等,常应用于技术创新、商业竞争和市场背景分析等领域的信息分析活动之中。

信息分析与提炼是信息分析活动过程的核心,分析与提炼是否准确、及时直接关系到信息分析成果的质量和用户的利益。

四、信息分析产品的制作

信息分析人员通过分析和提炼,形成有针对性的总结、汇编、结论、意见和建议等。这些总结、汇编、结论、意见和建议都必须编写成相应的文字、声像或计算机数据库形态的信息分析产品,并作为信息分析的成果直接提供给用户参考使用。用户正是通过阅读、利用信息分析产品来得到信息分析人员帮助的。

信息分析产品质量的高低,一方面依赖于整个信息分析过程及其产生的结果;另一方面也与信息分析人员在产品制作过程中对制作方法和技巧的把握有关。不同的信息分析产品有不同的制作方法和技巧。这里,我们主要介绍研究报告类产品的制作方法。

研究报告类产品有多种类型,每类都有不同的内容要求与结构层次,但它们都有一些一般性意义上的内容与结构。

(一)研究报告类产品的内容

从一般性意义而言,研究报告类产品应包括以下主要内容:

(1)说明该课题要解决的主要问题。

(2)描述该课题的背景和解决问题需要考虑的各种因素条件。

(3)援引与课题有关的数据、事实。

(4)综合叙述有关该课题的各种观点。

(5)阐明信息分析人员自己对该课题的独立见解。

(6)论证所提见解的科学合理性。

(7)提出实施该课题或解决有关问题时可供选择的建议、方案及实施步骤。

(8)预见可能会遇到的风险及其对策等。

在信息分析实际工作中,要求一份分析报告全面涉及上述8个方面的内容并不多见,可以视具体情况只对其中某几项内容进行阐述。

(二)研究报告类产品的结构层次

结构是影响研究报告质量最关键的因素。因为报告的功能(质量)与其结构有直接对应的关系。为达到某种功能目标,就相应有一定的结构加以对应。研究报告类产品的结构层次一般包括以下六个部分:标题、绪言、正文、结论、附录和参考文献。

1.标题

它是信息分析报告内容的高度概括与提炼,是研究报告给予用户的第一个视觉印象,因而要求简洁、新颖,准确体现全文的主旨和要点,能使用户一目了然地了解报告所论及问题的范围和重点。因字数限制,有时短标题难以达到上述要求,可以加上副标题作补充。对于一些内容复杂、层次繁多、关系重大的报告,还可以通过增设内容简介、目录、摘要或前言、关键词等措施来进一步揭示标题的完整含义。

(1)内容简介。内容简介是标题和副标题的补充说明,它以简练的文字介绍研究报告的主要内容、编写目的、用途、用户对象和所利用的原始资料情况等。

(2)目录。目录是大型研究报告所必须有的,它列出报告各章节的大小标题及其页码,能起到反映研究报告基本内容和主要观点的作用。

(3)摘要或前言。摘要或前言主要是介绍该成果的基本内容与选题的理由、目的和过程(时间、地点和对象范围等),特别要介绍成果中提出的重要观点和见解、成果的特点和适用对象等。一般在三种情况下需要摘要或前言:一是课题内容复杂、存在观点分歧者;二是成果中提出的重要观点或见解需要特别加以强调者;三是需要对该成果的特点和运用范围进行着重说明者。这里必须特别指出的是,摘要虽然居于研究报告之首,但在写作上却只能在报告完稿之后编写。

(4) 关键词。关键词也称主题词,是指编写者从报告中选取的最能代表其中心内容特征的词或词组,一般可选 3~5 个,也有多达 7~8 个供检索使用。为了保证用词的统一规范,应尽可能通过《汉语主题词表》或专业性、专题性主题词表对关键词进行规范化处理。

2. 绪言

绪言也叫序言、绪论等,它主要阐明本课题的基本状况,如课题目前的研究水平,可能会遇到的困难和各种限制条件以及最值得注意的地方;本课题与其他问题的关系;选择本课题的目的;对原始素材的选择、评价和综合的基本原则,搜集范围和起止时间等。

3. 正文

正文是成果的主体部分、核心部分,是全文的重点。它是在课题涉及的领域内,对相应的原始信息进行分析研究,运用材料来论证研究成果中提出的独特观点和方案的部分。可以说,正文是具体反映研究报告的学术水平和质量的主要部分。

由于研究报告的种类多样,其正文内容也不尽相同。例如,综述的正文内容主要是广泛系统地叙述本课题或本学科、专业所涉及的重要成就、目前的水平状况、今后的发展趋势,并明确提出这一领域内尚未解决的问题。述评如果是针对某一技术或产品的,其正文内容主要评述这一技术或产品的技术经济指标对比,根据数据和图表对比做出分析,评估其发展趋势和适用性;如果是针对某一学科的发展情况的,则正文内容主要介绍各种有代表性的流派和观点,然后进行恰如其分的评论。预测性报告的正文主要包括作为预测依据的事实和数据、预测用的方法和手段、预测的步骤、科学推演过程和最后的预测结果。但是不管是哪种信息分析成果,都有基本的要求:中心明确、重点突出、论证充分、逻辑严密、实事求是、态度端正。

4. 结论

结论是对通篇研究报告的总结,它与正文的内容应当紧密衔接。它不是对正文部分讨论的各种观点和意见的简单合并和重复,只有那些经过充分论证的观点、建议和方案才能写入结论。结论可以简要阐述本报告的主要论点,提出解决问题的可供选择的方案和建议,或提出如何利用现有信息分析成果的措施。当不能或不便提出结论性意见时,也可用"启迪""借鉴"等方式表示编写者的倾向性观点。

5. 附录

附录是对正文部分的必要补充材料与数据的汇编,内容包括说明研究课题状况的原始资料、有关的法规条文、有关的常用数据、图表和计算方法等。有时,为了缩减正文的篇幅,使正文部分对问题的论述和论证更加简洁、紧凑,也把分析报告分编为主、附两部分,主件放于正文、附件放于附录。这样,各类用户阅读利用报告时可自由取舍。

6.参考文献

研究报告的写作过程中直接引用或参考过的各种文献资料,如他人的论文、著作、数据、图表的名称和出处等,均应附于报告之尾,以表示对他人劳动成果的尊重,同时也表明研究报告的依据。用户如有疑虑可去查阅这些文献。参考文献的编排方式有两种:一是按文献在分析报告中的引用顺序依次排列;二是按文献对分析报告的参考价值大小程度排列。参考文献必须按照国家的有关著录标准来标注其作者、文献名、文献的出处、出版事项等。

另外,如果研究报告的完成过程得到各单位和个人的帮助和支持,如提供了物质资助、提供了参观考察条件、提供了实物信息、接受过采访、提出过建设性意见等,可以在报告之后加上"致谢"部分表示感谢。

(三)研究报告类产品的制作程序

1.确定主题

主题是一篇研究报告所要体现的总体意图或基本观点。它是研究报告的灵魂,是作者的思想、态度和观点的集中反映。衡量一篇研究报告质量高低、价值大小、作用强弱,最重要的是看它的主题如何。

主题是研究报告的统帅。一篇研究报告的材料如何取舍,结构如何设置,语言如何运用,乃至标题如何拟定等,都要根据表现主题的需要来确定。任何一篇研究报告都应有明确的主题思想。主题构思是顺利编写出高质量研究报告的基础,是撰写研究报告的第一步。

分析报告主题的形成过程可以概括为三个步骤:闪现于触发灵感之时;凝聚于调查研究之中;升华于改造制作之后。

2.选择材料

主题必须通过一定的材料来表现。所以,在主题确定下来之后,就要考虑选用哪些材料。

研究报告所用的材料主要有:查阅文献时摘录下来的实验数据、图、表、公式及论点;实际调查中所了解到的情况;自己做实验的方法、原材料、过程及结果;参加学术会议记的笔记;与研究课题有关的通信等。

材料按其来源可以分为三大类:一是直接材料,是作者亲自参加调查或实验得来的材料;二是间接材料,是作者从文献得到或由他人提供的材料;三是发展材料,是在上述两种材料的基础上,经过作者进一步的思考、分析、研究所得到的材料。

3.设计结构

结构是研究报告各组成部分的总体布局和全部材料的具体安排,包括层次、段落、过渡、呼应、开头和结尾等内容。

制作研究报告好比盖楼房,盖楼房首先要设计蓝图,制作研究报告也要先设计好结构,全篇分为几大部分,各部分包括什么内容,互相怎样衔接,怎么开头,如何结尾等,都要事先筹划好。在一篇研究报告中,主题只能解决"言之有理"的问题,材料只能解决"言之有物"的问题,"言之有序"的问题,则要依靠结构来解决。如果不通过一定的结构,把众多的材料按照表达主题的需要,加以适当的编织和穿插,那么材料再多,也不会成为一篇好的研究报告。

4.拟定提纲

主题构思成熟后,就要拟定研究报告的提纲,把大致思想付诸具体的文字,用书面形式来充分表达编写者的思想、观点,组织好研究报告的结构,使编写者在以后的撰写过程中能始终顺着连贯的思路来行文。

拟定提纲是写好研究报告的必备条件。研究报告论点之间的逻辑关系是复杂的,在写作之初,它们只是模糊地存在于人们头脑之中。拟定提纲的过程,就是对这种逻辑关系再认识的过程。尤其对于一些大型研究报告,只有将其结构写成提纲,才能看出各部分的安排是否合理,逻辑关系是否正确,材料配备是否恰当,层次是否清晰,全篇是否均衡等。

提纲的编写程序主要包括三个步骤:

首先,根据主题的需要,勾画出研究报告结构的大块图样,即将全文分为几个大的部分,并对各部分间的逻辑关系做出安排。

其次,大框架完成以后,将经过归纳、整理和选择的材料合理分配到各大部分,完成对该部分论点的论证。这一阶段需要重点检查三个问题:一是现有材料是否足以支持论点;二是每一材料是否都能用来证明这一部分的论点;三是该部分能否在确立论点的基础上充分利用这些材料。在论证问题时,拼凑材料和堆砌材料都是不可取的。

最后,各部分的小框架完成以后,再对各部分之间的逻辑关系重新审查一遍,对部分与部分之间的文字过渡做出安排。每篇好的研究报告,每一部分既可以独立成章,各部分结合时又能够浑然一体。

应当指出,上述详细的写作提纲并不是一次完成的。拟定提纲与搜集、整理和研究材料几乎是同步进行的。这里说的"几乎同步"是因为毕竟搜集阅读材料在前,而后作者才能由博而约,从感性上升到理性,进而得出自己的观点,写出粗糙的大纲。但是,这个粗糙大纲的进一步细化,却又是反复阅读和研究材料的结果。所以说,编写提纲的过程,是一个贯穿于整个写作准备阶段的连续动态过程。

5.撰写初稿

提纲拟定以后,便可动手撰写初稿,撰写初稿就是"打草稿"。如果课题是一人承担的,则由承担者一人撰写；如果是由多人承担的，则可由一人或数人执笔或大家分工负责撰写。大型研究报告一般是由多人执笔完成的。

撰写初稿时，对于材料要敢于取舍。研究报告的主要章节、重要观点的论证，应当旁征博引、资料翔实；次要章节的材料即使丰富，也要忍痛割爱，目的是突出主题，以免喧宾夺主。撰写初稿的常用方法有两种：

第一，一气呵成法，是指按事先拟好的提纲的各级项目的顺序一路写下去，不中断思路，直到初稿完成后，再回头来仔细推敲、加工修改。这种写作方法最大好处是保持了行文时思路的连贯性和系统性，写起来也比较顺畅，但容易草率行事，出现差错。

第二，分步完成法，是指不按提纲的规定顺序来写，而是把提纲的内容分成几大部分，首先挑选自己最有把握的部分来写，写完一部分后立刻对其进行修改并初步定稿，接着再选另一部分写，这样一部分一部分地分步完成，直到写完全文。这种方法适合撰写篇幅较大的大型研究报告。分步完成法的优点是研究报告的各部分在打草稿时就已较精细，日后修改定稿不必做大的调整；不足之处是容易造成研究报告的各部分之间脱节或不连贯。

6.修改定稿

研究报告的初稿完成之后，在多数情况下是不完美的，必须再进行修改、推敲和润色，使研究报告达到较为完美的程度。因为研究报告是提供给特定用户利用的，所以有时研究报告的初稿还要征求有关方面的专家甚至用户的意见，然后才能确定最终形式和内容。

初稿完成后，撰写人要通读、修改和润色全文，一般是先看总体内容有无需要增减或改动之处，有无遗漏需要补充，有无重复或错词赘句需要删除改正，然后再逐字逐句推敲，务使全文精练简洁，理明意切。多人合作的研究报告，分别修改后须交集体讨论，讨论中要着重对研究报告主要内容的阐述、基本观点等做进一步推敲，同时，审查用词行文是否恰当，文字是否简练，有无不切实际的论述或夸大的结论。在条件许可的情况下，还应请有关专家预审，最后由主要执笔人或主编统一汇总各部分初稿，整理成完整的全文，并对章节和文字做编辑处理，提出送审稿。

五、信息传递、利用与反馈

(一) 信息传递

原生信息在经过一系列的深加工并制作成产品后，还要按照用户的需求将其传递给用户。产品通过市场从信息分析机构走向用户的过程，本质上是其中所蕴含的有价值的信息通过信道从信源传递到信宿的过程。这些信息只有进行有效的传递，才能为用户所利用，信息分析产品本身的社会价值和可使用价值才能得以实现。可见，信息传递是信息分析活动

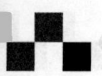

必不可少的环节。

信息分析产品所蕴含的信息是科学决策、研究与开发、市场开拓的重要依据,信息分析功能和作用的实现必须以这些信息的有效传递为前提。所谓信息的有效传递,是指信息从信源发出,通过适当的媒介和信息传递通道,到达合适的信宿的运动过程。这一过程通常涉及信源、信宿、信道、信息内容、信息符号、信息保障条件等几个方面。

信息传递一般可分为单向主动传递、单向被动传递、多向主动传递和多向被动传递四种形式。在信息分析中,信息传递主要是指单向被动传递,如上级主管部门下达的课题、信息用户委托的课题基本上属于这种性质。此外,单向主动传递也是一种很有生命力的形式,这种形式主要出现于信息分析人员自己提出的课题之中。由于信息分析产品是一种深加工产品,是为满足特定的用户需要而生产的,因此,一般极少出现多向主动传递或多向被动传递的情形。

(二)信息利用与反馈

信息的利用,就是为了达到提高科技效益、经济效益和社会效益的目的而运用信息的导向功能和催化功能解决科学决策、研究与开发和市场开拓中的具体问题的过程。信息的利用是一切组织和个人对外进行信息交流、对内进行管理和决策的必要手段。没有信息的利用,信息分析对社会生产力的间接贡献就无法实现。

信息的利用是一个极其复杂的过程。信息从信源传递过来以后,信息用户(信宿)首先要考虑的是如何理解、消化和吸收信息内容,在此基础上还要进一步考虑如何将其运用于科学决策、研究与开发和市场开拓的社会实践中去。可见,在信息的利用过程中,用户本身已有的知识结构、经验、信息意识、消费心理、习惯偏好、经济承受力以及对信息内容的理解、消化和吸收能力等都会直接或间接地对利用的效果产生影响。

由于上述因素的影响,再加上信息传递过程和社会环境的复杂性以及用户信息消费状态的多变性,信息传递和利用的效果往往不尽如人意,如用户在利用信息过程中常常会对价格水平和支付方式、风险选择方式、市场转让范围、商品包装方式以及信息的内容、质量和提交方式等提出建议和意见。这一过程就是信息的反馈。信息的反馈是间接控制信息传递和利用效果的极其有效的途径,信息分析活动中的许多修正、调整和改进工作是以用户的反馈信息为依据的。

经过上述步骤,信息分析过程基本结束。对于信息分析成果的评价问题将在第四节中详细论述。

第三节 信息分析的基本方法

方法是信息分析的核心。在信息分析中,大量的原生信息正是通过方法的合理选择和应用被深加工成对科学决策、研究与开发、市场开拓等活动有支撑作用的新信息的。信息分析方法通常可分为定性方法、定量方法和半定量方法三大类。

定性方法是信息分析的基本方法。它以认识论及思维科学领域的有关理论为基础,根据有关课题的原生信息及其各种相关关系,对研究对象进行比较、评价、判断、推理、分析、综合,从而揭示出研究对象本身所固有的本质规律。定性方法具有定性分析、推论严密、直感性强等特点,在信息分析中,对于那些不需、不易或不能用定量数据进行分析的研究对象,定性方法具有无与伦比的优越性。这种方法的缺点在于其推论虽严密但不够精确,分析问题虽深刻但不够具体,特别是所得出的结论仅仅是一种定性的认识或描述,没有强劲的说服力。

一、比较

比较就是对照各个事物,以确定其间差异点和共同点的逻辑方法。事物间的差异性和同一性是进行比较的客观基础。完全相同或完全不同的事物均无法进行比较。比较是人类认识客观事物、揭示客观事物发展变化规律的一种基本方法。有比较才能有鉴别,有鉴别才能有选择和发展。

比较通常有时间上的比较和空间上的比较两种类型。时间上的比较是一种纵向比较,即将同一事物在不同时期的某一(或某些)指标(如产品的质量、品种、产量、性能、成本、价格等)进行对比,以动态地认识和把握该事物发展变化的历史、现状和走势。空间上的比较是一种横向比较,即将某一时期不同国家、不同地区、不同部门的同类事物进行对比,以找出差距,判明优劣。在实际工作中,时间上和空间上的比较往往是彼此结合的。在比较时,应注意以下几点:

①要注意可比性。所谓可比性,是指进行比较的各个对象具有共同的基础。它包括时间上的可比性、空间上的可比性和内容上的可比性三层含义。时间上的可比性是指所比较的对象必须是同期的,如国内外软件市场发展规模的比较应该是同一年份的比较。空间上的可比性是指在比较时要注意国家、地区、行业、部门等的差异,如在进行世界各地微机销量比较时,就不能简单地将西欧与美国进行比较。内容上的可比性是指在比较时要注意所比较的对象内容范畴的一致性,如在进行企业技术经济指标比较时,就不能把合格率与成材

率、全员劳动生产率与生产工人劳动生产率等混为一谈。

②要确立一个比较的标准。比较必须要有一个客观可行的标准,没有标准就无法比较,即使比较了,也是表面的、非本质的、不可靠的。例如,将规模很小的乡镇企业与规模庞大的跨国企业集团进行比较,其间的差异点远多于共同点,比较的结果很难用于企业的实际决策。

③要注意比较方式的选择。不同的比较方式会产生不同的结果,并可用于不同的目的。例如,时间上的比较可反映某一事物的动态变化趋势,可用于预测未来;空间上的比较可找到不同比较对象之间的水平和差距,可帮助人们在科学决策、研究与开发、市场开拓时注意扬长避短、学习借鉴。

④要注意比较内容的深度。在比较时,应注意不要被所比较对象的表面现象所迷惑,而应该深入其内在的本质深处。深入的程度越深,比较的结果就越精确、越有价值。例如,在进行某一时期各国自然资源占有情况的比较时,就不能简单地运用资源总储量这一指标,因为不同的国家人口数量是不一样的。

在信息分析中,比较的应用是非常广泛的,如政策、规划的比较,科学技术发展历史、现状和走势的比较,科学技术发展条件的比较,企业技术经济指标的比较,技术经济方案的比较,市场营销状况的比较,人口、教育、城市化、生态环境、社会基本结构等的比较,竞争态势的比较,竞争潜力的比较等。这些比较既可以是在时间上的动态、纵向比较,也可以是在空间上的静态、横向比较;既可以是宏观比较,也可以是微观比较;既可以是定性的描述性比较,也可以是定量化色彩较浓的数据比较或图表比较。总之,在信息分析中,只要符合比较的基本规范,比较法就可以以各种形式在各种场合应用。

比较在信息分析中的作用主要体现在以下方面:

第一,揭示事物的水平和差距。通过比较,可以发现事物间本质上的异同,揭示国家、地区、行业、部门等当前的水平和差距,以便于扬长避短、相互借鉴或明确赶超目标。

第二,认识事物发展的过程和规律。通过对事物不同时期发展状况和水平的比较,可以认识事物的过去和现在,了解其发展轨迹,揭示其发展规律,判明其发展方向,以便于总结经验、吸取教训。

第三,判定事物优劣、真伪。通过比较不同的方案,可以明确优劣、真伪,从而为识别、判断和选择提供依据。

二、分析与综合

(一)分析

客观事物是复杂多样、普遍联系的。一方面,某一事物的存在不是孤立的,它总会以各种各样的方式与其他事物发生这样或那样的联系;另一方面,对于某一事物本身,各组成要素(部分、侧面或属性)也并非彼此孤立,而是相互联系、相互影响的。分析就是把客观事物整体按照研究目的的需要分解为各个要素及其关系,并根据事物之间或事物内部各要素之间的特定关系,通过由此及彼、由表及里的研究,达到认识事物的一种逻辑方法。

在分析某一事物时,常常要将事物逻辑地分解为各个要素。只有通过分解,才能找到这些要素,才能通过研究找出这些要素中影响客观事物发展变化的主要要素或关键要素。但是,光有这些简单的分解、罗列和研究还远远不够,因为在客观事物中,构成整体的各个要素本来是相互联系、不可分割的。例如,化学研究工作者对蛋白质进行分解,找出它的组成元素是碳、氢、氧、氮。但对蛋白质的认识停留在这几种孤立元素的阶段显然仍未达到对蛋白质本质的认识。可见,科学的分析必须在此基础上进行各要素的地位、作用和相互关系的研究。

从实践上看,事物之间以及构成事物整体的各要素之间的关系是错综复杂、形式多样的,如因果关系、表象和本质关系、一般和特殊关系、主要矛盾和次要矛盾关系、目标和途径关系以及其他相关关系等。分析就是透过由上述各种关系织构而成的错综复杂的表面现象,把握其本质的规律或联系的一种研究方法。

分析的基本步骤是:第一,明确分析的目的;第二,将事物整体分解为若干个相对独立的要素;第三,分别考察和研究各个事物以及构成事物整体的各个要素的特点;第四,探明各个事物以及构成事物整体的各个要素之间的相互关系,并进而研究这些关系的性质、表现形式、在事物发展变化中的地位和作用等。

分析通常不能一次完成,而是要经历相当次数的由此及彼、由表及里、由浅入深的分析。每深入一层进行分析,就要重新对事物进行分解。可见,将事物分解成各个要素并不是分析的最终目的,而只是认识的一种手段。分析的最终目的在于透过现象把握本质的规律或联系。

分析在信息分析中的应用十分广泛,如研究影响某项科学技术发展的主要因素及其关系,研究某个行业或企业的兴衰背景、发展历程和发展趋势,研究技术开发、引进或改造的适用性,研究企业在市场竞争中的优势、劣势、机会和威胁,研究市场供需状况和市场潜力,研究人口分布、构成、教育素质,研究科技、经济、市场、环境等政策实施和管理的效应等。

在信息分析中,常用的分析方法主要有因果分析、表象和本质分析、相关分析和典型分析。

1.因果分析

因果分析是分析客观事物各种现象之间的一种普遍的联系形式。例如,自然界的生态平衡遭到破坏,会引起气候异常、水土流失、农作物生长不好等后果。这里,引起某种现象出现的现象就是原因,由原因的作用而产生的现象就是结果。也就是说,只要当某一现象出现时,另一现象必定会接着出现,我们就认为这两个现象具备因果关系。其中,先行现象称作原因,后续现象称作结果。从客观事物的这种因果关系出发,由原因推导出结果,或者由结果探究出原因的分析方法,就是因果分析。通过因果分析,可以找出事物发展变化的原因,认识和把握事物发展的规律的方向。在信息分析中,因果分析主要有求同法、求异法、共变法和剩余法四种形式。

(1)求同法。如果在不同的场合观察到相同的现象,这些不同的场合各有若干原因,但其中只有一个原因相同,则可初步确定这个共同的原因就是产生该现象的共同原因。

(2)求异法。如果所观察的现象在第一种场合出现,在第二种场合不出现,而这两种场合只有一个原因不同,则可初步确定这个不同的原因就是引发该现象的原因。

(3)共变法。如果在所观察的现象发生变化的各种场合里,其他原因都没有变化,只有一个原因发生了变化,则可初步确定该发生变化了的原因是使所观察的现象发生变化的原因。

(4)剩余法。如果已知某一现象是所观察的现象的原因,并且又知先行现象的某一部分是后续现象某一部分的原因,则可初步确定先行现象中的其余部分是后续现象中的其余部分的原因。

2.表象和本质分析

表象和本质是揭示客观事物的外部表现和内部联系相互关系的一对范畴。表象是事物的表面特征以及这些特征之间的外部联系;本质是事物的根本性质,是构成事物的各种必不可少的要素的内在联系。由于本质是通过表象以某种方式表现出来的,因此,两者之间存在着一定的关系。利用事物的表象和本质之间的这种关系进行分析的方法,就是表象和本质分析法。利用表象和本质分析法,可达到由表及里、透过事物表象把握其本质的目的。

3.相关分析

除了因果关系、表象与本质关系以外,客观事物之间以及构成事物整体的各个要素之间还有许多其他相关关系,如科技和经济的增长与人口、技术开发与引进、成本与利润、市场供给与需求、股票价格与业绩、市场风险与收益、社会伦理与经济发展等,均具有或亲或疏、形式及性质不一的相关关系。在信息分析中,我们把利用事物的这些相关关系进行由此及彼、由表及里的分析方法统称为相关分析法。

4.典型分析

典型分析是对一个或几个具有代表性的典型事例,就其核心问题进行深入分析和研究的方法。这种方法涉及面不宽,但却能使人们产生很深的印象,并能从中获得经验或教训。

(二) 综合

综合是同分析相对立的一种方法。它是指人们在思维过程中将与研究对象有关的片面、分散、众多的各个要素(情况、数据、素材等)联结起来考虑,以从错综复杂的现象中,探索它们之间的相互关系,达到从整体的角度把握事物的本质和规律,通观事物发展的全貌和全过程,获得新的知识、新的结论的一种逻辑方法。综合把对研究对象的各个要素之间的认识统一为整体的认识,是从整体上把握事物的本质和规律。它不是主观地、任意地把研究对象的各个要素简单地捏合在一起,而是按照各个要素在研究对象内部的有机联系从总体上去把握事物。它不是抽象地从外部现象的联结上来理解事物,而是抓住事物的本质,即抓住事物在总体上相互联系的矛盾特殊性,研究这一矛盾怎样制约事物丰富多彩的属性,怎样在事物的运动中展现出整体的特征。

综合的基本步骤是:第一,明确综合的目的;第二,把握被分析出来的研究对象的各个要素;第三,确定各个要素的有机联系形式;第四,从事物整体的角度把握事物的本质和规律,从而获得新的知识的结论。

在信息分析中,综合是一种行之有效的方法。综合可以将各种来源的分散、片面、内容各异的有关信息(情况、数据、素材等)按特定的目的汇集、整理、归纳和提炼,从而形成系统、全面、新颖的知识和结论。从时间发展的连续性角度考察,通过综合,可以总结有关课题的历史、现状,并探索其发展的规律和趋势;从空间分布的整体性角度研究,通过综合,可以掌握各个国家、地区或部门的有关情况及其变化规律;从内容范畴的内在逻辑联系全面研究,通过综合,可以恢复和揭示出内容范畴之间本质的固有联系,概括、提炼出其中的共性或特性,从而获得新的思想、新的观念、新的结论。

此外,还可以将时间、空间和内容范畴三个角度结合起来综合研究,以使管理者、决策者或其他信息用户对有关课题的各个时期、各个国家(地区或部门)、各个方面内容的有关信息有一个总体的、全貌的了解,掌握事物发展的规律和趋势,从而为管理者、决策者或其他信息用户提供经验教训方面的信息。例如,可持续发展是当今世界各国经济和社会发展过程中普遍关心的问题。可持续发展通常涉及资源、环境、人口、资本和技术等方面。综合研究各个国家在各个历史发展时期的资源、环境、人口、资本和技术等方面的有关情况,就会发现,在人类历史上,资源的永续利用、生态环境平衡的维持、"适度"人口的控制、资本和技术的投入在总体上是相互联系的,共同影响可持续发展的状况和水平。

在信息分析中,常用的综合方法主要有简单综合、系统综合和分析综合。

1. 简单综合

简单综合是对与研究课题有关的信息(情况、数据、素材等)进行汇集、归纳和整理。例如,将当前世界各国有关"三废"物质污染、噪声污染、水资源枯竭、土地沙漠化、温室效应、大气臭氧层破坏、核污染等方面的有关情况集中起来,进行归纳整理,就可形成当前全球生态环境正在遭受严重破坏,并直接威胁到人类生存和社会经济发展的结论。

2. 系统综合

系统综合是从系统论的观点出发,对与研究课题有关的大量信息进行时间与空间、纵向与横向等方面的结合研究。系统综合不是简单的信息搜集、归纳和整理,而是一个创造性的深入认识研究课题的过程。例如,在进行企业竞争情报研究时,既要从纵的方面综合考虑企业自身、竞争对手、竞争环境、竞争战略等因素的历史、现状和未来趋势,又要从横的方面对与企业竞争有关的这些因素之间的相互关系进行通盘的研究和把握。只有这样,才能为企业竞争战略的制定和实施提供可靠的依据。

3. 分析综合

分析综合是对所搜集到的与研究课题有关的原生信息,在进行对比、分析和推理的基础上进行综合,以认识课题的本质、全貌和动向,获得新的知识和结论。在进行具体分析综合时,有三种类型的方法可供选择:存优、浓缩和化合。所谓存优,就是将各种信息进行对比分析,去伪存真,去粗取精,然后将"真""精"等优质内容综合起来。所谓浓缩或化合,是借用化学上的术语,表示在思维活动中将各种信息进行浓缩或化合形成新的知识或结论。分析综合在信息分析中应用广泛。例如,在为新产品开发提供服务时,信息人员可以在大量搜集同类产品、可替代产品以及其他有启迪作用的相关产品的性能、结构、组成、规格、质量、用途、开发和生产条件、市场前景、效益等信息的基础上,通过对比、分析和推理,博采众家之长,提出最优的综合性的新产品设计方案。

(三)分析与综合的关系

分析与综合是辩证统一的关系。具体体现在:

(1)两者既相互矛盾又相互联系。分析是把原本是一个整体的复杂事物分解为各个简单要素及其联系,即化整为零;综合与此相反,是将构成事物整体的各个要素按照其间本质的固有的联系重新综合为一个整体,即积零为整。综合必须以分析为基础,没有分析,认识就不能深入,对事物整体的认识只能是抽象的、空洞的;只有分析而没有综合,认识就可能囿于枝节之见,不能统观全局。事实上,任何分析总要从某种整体性出发,离不开关于对象整体性认识的指导,否则分析就会有很大的盲目性;同样,任何综合离开了分析这个基础,就无法进行概括和提炼。只有将分析和综合这两种方法结合起来使用,才能达到较全面的认识。

(2)两者在一定的条件下可以相互转化。人们对事物的认识是一个由现象到本质、由局部到全局、由个别到一般的过程。这里,现象与本质、局部与全局、个别与一般本身是相对的。就某一层次来说,对该层次事物的认识,相对其上一层次而言,是现象、局部、个别,但相对其下一层次却又是本质、全局和一般。可见,人们对某一层次的研究,于其上一层次来说是分析,但于其下一层次来说却又是综合。这种转化关系体现了人们对客观事物的认识是一个不断深化和提高的过程。在信息分析中,分析与综合总是结合在一起使用的。没有分析的综合,或者没有综合的分析,都很难保证信息分析产品的高质量。

三、推理

推理是由一个或几个已知的判断推出一个新判断的思维形式。具体来说,就是在掌握一定的已知事实、数据或因素相关性的基础上,通过因果关系或其他相关关系顺次、逐步地推论,最终得出新结论的一种逻辑方法。任何推理都包含三个要素:一是前提,即推理所依据的那一个或几个判断;二是结论,即由已知判断推出的那个新判断;三是推理过程,即由前提到结论的逻辑关系形式。推理的语言形式就是由前提、结论以及推理过程三要素构成的句组或复合句。

推理是一种由此及彼、由已知到未知或未来的研究方法。通过推理,可以认识客观事物,获得新知识。在推理时,要想获得正确的结论,必须注意两点,即:推理的前提必须是准确无误的,推理的过程必须是合乎逻辑思维规律的。

推理类型的划分角度很多。例如,根据前提的数量,推理分为直接推理和间接推理。其中,由一个判断推出结论的推理称直接推理,由两个或两个以上的判断推出结论的推理称间接推理。又如,根据组成推理的判断的类别,推理分为直言推理、假言推理、选言推理、联言推理、关系判断推理和模态判断推理。它们分别以直言、假言、选言、联言、关系和模态判断为基础。再如,根据推理的思维方向,推理分为演绎推理、归纳推理和类比推理。它们分别是由一般到个别、由特殊到一般以及由个别到个别或由一般到一般的逻辑思维方向。

推理是一种重要的逻辑方法,在信息分析中有着广泛的应用。例如,通过推理,可以把与设想或假说有关的事物联系起来,从而达到证实或证伪设想或假说的目的;通过对某些已知事实或数据及其相关性的严密推理,可以获得一些未知的事实或数据,如科技发展的动向、技术优势和缺陷、市场机会和威胁、人口素质、教育水平等;通过对科技、经济、市场等的历史、现状的逐步的推理,可以顺势推测出其未来发展趋势。

在信息分析中,经常使用的推理主要有以下几种形式:

(一)常规推理

常规推理是借助于一个共同的概念把两个直言判断联系起来,从而推出一个新结论的演绎推理。常规推理是由一般到个别的推理方法。它以普遍性的事实或数据为前提,通过一定程式的严密推论,最后得出新的、个别的结论,因而是一种典型的必然性推理。这种推理只要前提准确无误,推理过程严格合乎逻辑,所推出的结论必然是正确、可信的。

(二)归纳推理

归纳推理是由个别到一般的推理,即由关于特殊对象的知识得出一般性的知识。在信息分析中,简单枚举归纳推理是最常见的一种推理形式。它是通过简单枚举某类事物的部分对象的某种情况,在枚举中又没有遇到与此相矛盾的情况,从而得出这类事物的所有对象都具有此种情况的归纳推理。

简单枚举归纳推理是一种或然性推理,推理形式的正确性并不一定能保证由真的前提得出真的结论。它只能肯定由真的前提得出的结论有一定程度的可靠性。在运用这种推理形式时,要注意不能有矛盾的情况。只要发现有一个矛盾的情况,结论"S 是(或不是)P"就不能成立了。由此可见,用简单枚举归纳推理得出的结论,其可靠性是薄弱的,必须不断经受实践的检验。但尽管如此,这种方法在信息分析实践中还是经常地被使用,而且常常发挥重要的作用。在信息分析中,特别是在开始阶段,由于人们往往并不能立即找到全部的根据,因此很难采用其他推理方式。但是,借助于简单枚举归纳推理,人们可以在已有的材料的基础上做出初步的概括或推论。这些初步的概括或推论尽管带有或然性,却可以作为进一步研究的出发点,给人们提供方向和线索。

由于简单枚举归纳推理是一种或然性推理,前提和结论之间没有必然性联系,因此正确估计结论的可靠程度,并设法增强结论的可靠性具有非常重要的意义。常用的办法有:尽可能多地枚举某事物的单个对象的数量;注意所枚举的某类事物的各个对象的典型性和代表性;仔细观察和研究对象的各种可能的情况,防止矛盾情况的出现。

(三)假言推理

假言推理是从一个假言判断的结论出发,顺次推出其后件或逆向推出其前件,进而通过肯定它的后件或前件,来论证、检验原先假言判断结论的正确性的一种推理方法。例如:

假言判断:某竞争对手正在推行专利竞争战略。

大前提:推行专利竞争战略与加强研究与开发、专利申请活动有关。

小前提:大量调查发现上述事实确凿。

肯定原先假言判断：所以，该竞争对手正在推行专利竞争战略是确凿的。

这种推理方法中所说的"结论"，实际上并非真正的结论，而是一种设想或假说，并且有待于推理者通过调查研究和推理予以证实或证伪。在信息分析中，这种方法有着非常广泛的应用，特别是一些捉摸不定、含义不清、边界不明的论断，利用此法皆可十分方便地判断其真伪。

第四节　信息分析成果评价

一、信息分析成果评价的意义体现

(一) 理论意义

在市场经济条件下，信息分析成果基本上是以信息商品的形式体现出来的。一方面，信息分析成果是信息分析人员通过体力劳动和脑力劳动创造出来的，是信息分析人员集体智慧和创造性劳动的结晶。这一结晶是人类社会劳动成果的重要组成部分，具有价值属性。另一方面，根据当代商品学说，在市场经济条件下，这种成果成为商品后是可以通过传递和进一步的开发利用为用户及社会吸收并产生影响或收益的，如经济活动成本的降低、管理行为的改善、决策质量的提高、经营风险的减少等。这种影响或收益实际上是信息分析成果使用价值属性的体现。

由此可见，信息分析成果在成为商品后，与其他商品一样，具有价值和使用价值两种属性。信息分析成果的评价就是对上述价值和使用价值进行衡量和评判，这一工作是整个信息分析工作中不可缺少的环节，是对其他各环节及其产生的最终结果的一个总体评价。正因如此，现代信息管理都特别注意把信息分析成果评价作为信息管理的必要组成部分来加以强调。没有信息分析成果评价，现代信息管理至少是不完善的，整个信息分析工作也是不完整的。

(二) 实践意义

从实践方面考察，运用正确的评价指标体系对信息分析成果做出实事求是的客观评价，对于科学、及时地总结信息分析工作实践中的经验教训，对于有效地发挥信息分析成果的作用，有着极为重要的意义，主要表现在五个方面：第一，通过成果评价，有利于寻求和及时发现信息分析各环节存在的疏漏、缺陷和问题，改进和提高成果的质量，满足市场的需要；第二,通过成果评价,可以使信息分析人员的辛勤劳动得到社会的承认,有利于稳定和发展壮大信息分析队伍,调动和激发信息分析人员的积极性和创造性;第三,通过成果评价,有利于信息分析机构的日常管理,如对机构进行资产评估、对人员的工作质量进行考核、奖勤罚懒、可为人员工资的调整和职称的评定提供参考依据;第四,通过成果评价,有利于合理地进行成果的市场定价,使成果准确、及时地被推向目标市场;第五,通过成果评价,可以使成果本身潜在的使用价值在某种程度上得到揭示,这一方面起到了向社会宣传成果的效果,另一方面也便于社会对信息分析工作进行监督。

二、信息分析成果评价的工作流程

信息分析成果的评价主要是运用系统、综合的观点和方法,对信息分析成果进行多角度、多层次的分析和论证,最终做出对信息分析成果的合理评价。一个完整的信息分析成果评价包括两个方面:一是对已经完成的信息分析成果自身质量的评价;二是对信息分析成果投入实践工作后产生的效益的评价。前者为信息分析成果的即时评价,后者为信息分析成果的最终评价。

即时评价为最终评价提供依据,最终评价对即时评价起最后的验证作用。

评价的目的是通过对信息分析成果的全面分析和审核,检查成果是否满足项目启动初期设立的目标,必要时对成果的进一步完善提出建议。信息分析成果的评价程序主要分为准备阶段、进行阶段、完成阶段。

(一)准备阶段

1.组建评价小组

信息分析成果评价是一项系统性很强的工作,选择合适的评审人员、组建评价小组是评价工作的关键一步。评价小组通常由信息分析人员、相关领域的评审专家(根据信息分析成果领域的不同决定)、主管部门负责人和用户等组成。其中,由于评审专家一般具有较高的评价职业道德和专业的知识结构,因此,评审专家的判断对于信息分析成果的评价具有代表性和权威性。

当然,信息分析人员和其他人员在评价过程中也发挥着重要的作用,比如信息分析人员要向其他评审人员介绍信息分析成果的形成过程、主要性能指标、该成果的特色等,从而为评审专家进一步对成果的评价奠定良好的基础。

2.确定评价目标

信息分析成果的评价目标主要取决于信息分析任务本身的性质和服务商的需要,应根据信息分析内容的特征、范围、条件和环境等维度来确定评价目标，并综合考虑信息分析成果实施的可行性及其效果。评价目标包括：为客户提供信息；确定信息提供商的责任和履行情况；增进共识并改进工作质量等。当然，评价目标不可过多，否则会导致评价工作过于分散。

评价目标决定着评价工作的方向，信息分析成果的评价基本目标是确保信息成果的质量，根据双方约定的成果表现形式、成果内容、成果提交时间来提供给客户。

（二）进行阶段

1. 构建评价指标体系

信息分析成果的评价指标体系，应根据成果课题的目标、特点、类型、规模及所处的层次等确立，在众多成果评价方案的因素中选取科学、客观、准确反映项目整体情况及影响这些指标的因素。选定评价指标体系后，应制定相应的评价标准，并尽可能量化和细化评价标准。

同时，在设立评价指标体系时要遵循基本的原则，比如动态分析与静态分析相结合，以动态分析为主；全过程分析与阶段分析相结合，以全过程分析为主；宏观分析与微观分析相结合，以宏观分析为主；价值分析与实物分析相结合，以价值分析为主。

2. 确定评价指标的权重

加权理论与方法是信息分析成果评价中较为实用的评价方法。信息分析成果评价中各个指标的重要性程度是不同的，需要通过加权给予体现，对不同的评价指标给予不同的权重，设计出"指标权重专家意见表"。

确定权重的方法大体上可以分为主观赋权法和客观赋权法两大类，其中，主观赋权法往往没有统一的客观标准，它是研究者根据其主观价值判断来制定各个指标权数的方法，主要有德尔菲法和专家评判法；客观赋权法是直接根据指标的原始信息，通过统计方法处理后获得权数的方法，主要有因子分析法、主成分分析法和回归分析法。权重值的科学性与合理性直接影响评价的结果，因此，科学地确定指标权重在评价中是非常重要的。

3. 选择评价方法并综合评价

评价方法是根据评价对象的具体要求不同而有所不同的，信息分析工作中对成果评价的方法有很多种，其中较为实用的有同行评议法、专家定性判断法、德尔菲法、层次分析法、模糊综合评价法等。选择合适的信息分析成果评价法对评价工作至关重要。

信息分析成果的综合评价判断依据可以是单独的，也可以是若干个判断依据相结合。综合评价的单一判断依据，多为定性和定量相结合的平均值，与临界值相比较；另一种为不设临界值，而以实际数值大小来排序优选。

(三) 完成阶段

1. 结合评价结果进行综合分析

在明确的目标和范围内,根据所定的指标和判断依据,运用选择的方法,对信息分析成果进行综合评价,包括交叉反复地分析、评定、协调、模拟、综合等工作。评价、排序并不是评价的唯一目的,而应在此基础上做一些综合分析工作,从分析结果中获得一些对宏观指导有建设性的意见或建议,提供给决策者作为参考。

评价意见一般包括概略性评价意见和详细评价意见两种。其中,概略性评价意见是对信息分析成果总体上的理解和评价,常常简单地以优劣断之;详细评价意见是在对信息分析成果各部分进行详细分析之后,给出的具体的评价意见。

2. 撰写评价报告

信息分析成果在经过认真评价后,通常要形成评价报告。评价报告一般要求以简洁的文字交代评价的目的、背景、评价时间、评价地点、评价专家、评价内容等,并详细地介绍评价的方法、过程及主要结论。评价报告的语言必须是科学语言,务求准确、简明、规范,不可模棱两可、晦涩难懂、华而不实。

信息分析成果评价的最后一个步骤是提出评价报告和建议。报告中要说明评价资料、数据的来源与评价方法,指明评价的结论和建议。

思考与练习

1. 简述信息分析的核心内容。
2. 简述信息分析的基本程序。
3. 信息分析的基本方法包括哪些?
4. 简述信息分析成果评价的工作流程。

第七章　现代图书情报技术应用

引言

应用于现代图书情报领域的技术包括计算机与网络技术、缩微技术、静电复印技术、图书保护技术、视听技术、防灾防盗技术等。其中,计算机与网络技术是现代图书情报技术的核心。传统图书情报技术的性质及其局限,以及引进新技术之后带来的结果,可以从当前的图书情报业务的某些方面清楚地看到。新技术的广泛应用对图书情报工作、图书情报学教育和图书情报学研究产生了极大的作用,并且,这些作用正在迅速地变得越来越大。

学习目标

1. 了解信息资源组织的协议与标准。
2. 熟悉信息资源存储技术。
3. 了解常用的网络技术。
4. 了解常用的个性化信息服务技术。

第一节　信息资源组织技术

信息组织是信息资源管理中的一个重要内容和环节,也是一个国家信息化水平的重要标志。同时,信息组织也是检索和咨询工作的基础,是图书馆开展好用户服务的保证。

一、微观层次信息组织模式沿革

信息组织模式的发展是与信息管理整体发展及信息技术发展紧密联系的。我国信息管理大致经历了传统图书馆时期的文献管理、网络时期的信息管理和数字图书馆时期的知识管理三个阶段。因此,可将微观层次的信息组织模式分为传统图书馆信息组织模式、网络信息组织模式和数字图书馆信息组织模式。三种模式代表了信息管理不同阶段信息组织的主导模式,是某一具体阶段信息组织活动发生的宏观载体。人们在这些宏观载体中利用各种方法和手段来组织信息资源。

(一)传统图书馆信息组织模式

传统图书馆信息组织模式主要包括四个方面:一是根据馆藏计划采购纸质文献、磁盘、光碟等资料;二是根据分类、主题标引和编目规则来进行分类标引和编目;三是将书目记录转换为 MARC 记录,作为图书馆之间资源共享的基础;四是将图书按分类号排列上架,以便读者查找。

传统图书馆信息组织模式具有以下几个显著特征:

一是描述对象的实体性。在传统图书馆中,信息资源组织强调以实体资源(图书、期刊、磁盘、光碟)的描述为主。

二是揭示对象的整体性。传统图书馆是以完整的出版物为揭示对象,注重对文献的外部特征和内部特征的描述,目录和所描述的资源在同一地点。

三是标引语言的规范性。利用规范化的情报标引语言,由图书情报专家进行人工标引、分类号的给定、标题的设置规范。这种语言缺乏自然语言的亲和力,只有专业人员才懂得,受众面狭窄。

四是标引的浅层性。前面提到传统图书馆注重对文献外部特征和内部特征的描述,描述全面,但深度不够,往往对一份文献资料只建立著者、题名等很少几个检索途径。

五是信息的线性组织。传统图书馆信息组织模式只实现信息的线性排列,即只能按一种检索途径进行排列,不利于激发人的发散性、跳跃性思维。

(二)网络信息组织模式

随着网络的普及,网络信息资源日益丰富和复杂。传统图书馆的信息组织模式俨然已不适应新的环境。在这种情况下,网络信息组织模式应运而生。网络信息组织模式是一个有待进一步规范的概念,其信息组织对象是计算机系统在网络中能搜索到的所有信息。网络信息组织主要有一次信息资源的组织方式和二次信息资源的组织方式。

1.一次信息资源的组织方式

(1)文件方式。因为计算机自身有一套文件处理的理论和技术,因此以文件方式来管理和组织信息资源简单方便。以文件形式保存和组织的信息资源可以是程序、图形、图像、音频、视频等多种非结构化信息。基于以上种种优点,以文件形式来管理信息资源至今仍使用广泛。

(2)自由文本方式。该方法主要用于全文数据库的组织,是对非结构化的文本信息进行组织和处理的一种方式。它不同于二次文献数据库的组织,无需前控,不必用规范化语言对信息进行复杂的前处理。它不是对文献特征的格式化描述,而是用自然语言深入揭示文献的知识单元,根据文献全文的自然状况直接设置检索点。基于全文数据库的全文检索可以将任意字符作为检索标识,这样,用户用自然语言即可直接检索未经标引的一次文献。

(3)超媒体方式。超媒体技术是超文本与多媒体技术的结合。它将文字、表格、声音、图像、视频等多媒体信息以超文本方式组织起来,使人们可以通过高度链接的网络结构在各种信息库中自由航行,找到所需要的任何信息。超媒体技术的最大特征是实现了信息的非线性组织。超媒体组织方式所提供的非顺序性的浏览功能,比传统的信息组织方式更加灵活方便,且符合人们思维的联想性。

2.二次信息资源的组织方式

(1)搜索引擎方式。它利用 Robot 等自动代理软件,定期或不定期地在网上爬行,通过访问网络中公开区域的每一个站点,对网络信息资源进行收集,然后利用索引软件对收集的信息进行自动标引,创建一个详尽的可供用户进一步按关键词查询的索引数据库。搜索引擎方式是目前 Internet 上对信息进行组织的主要方式之一,但其收集的信息虽然丰富广博却良莠不齐,因而查准率低。

(2)目录指南方式(主题树方式)。它将信息资源按照某种事先确定的概念体系分门别类地逐层加以组织,用户通过层层浏览,找到所需要的信息线索,再通过信息线索链接到相应的网络信息资源。以目录指南方式组织的二次信息一般是围绕某一主题,采用分类法、主题法等方式,将与该主题有关的网上一次信息的线索(一般是网址)和有关描述信息依次罗列,供用户选择。其优点是组织的二次信息的专题性较强,且能较好地满足族性检索(也称弱相关检索,强调检索的全面性,是向用户提供完整信息的检索。)的要求,但查全率不高。

(3)指示数据库方式。指示数据库贮存的是有关网上一次信息的网址以及相关信息的描述信息,即对网上的信息资源进行分类编目。编目人员在对网上的资源进行组织时,遵循一定的格式对其进行描述,以帮助用户获得和查找网上资源。其优点是每条记录都经过严格的选择,具有较强的针对性和较高的可靠性,而不像搜索引擎那样检索结果过于庞杂,使用户无所适从。因此,指示数据库常用来组织专题或专用的网上二次信息。

(三)数字图书馆信息组织模式

通过网络能够将分散的、多媒体的、多格式的、缺乏控制的信息集中起来,但是信息的选择和鉴别成为一大难题,因而很难实现信息的高效率检索。网络信息组织模式的缺陷使人们致力于探索出一种新的信息组织模式——数字图书馆。数字图书馆是对网络信息组织模式的"扬弃",它借鉴了传统图书馆信息组织模式,辅之以先进的技术手段,成为网络环境中信息资源的一种更有效的组织模式。

二、信息资源组织的协议与标准

在数字图书馆的技术构成中,信息组织是最基本的,它决定了数字图书馆数据存储和信息检索的质量,直接影响着系统运行的总体性能。信息组织的基础是信息的组织技术,即数字化信息对象的表示方式。在数字图书馆实际的开发和建设中,必须针对信息对象的特征选择合适的技术来组织信息。下面简要论述几种用于图书馆的信息资源组织的协议与标准。

(一) MARC 数据

机读目录,即机器可读的目录(Machine Readable Catalog, MARC)。它是计算机编目的产物。机读目录是以代码形式和特定格式结构记录在计算机存储载体上,能够被计算机识别并编辑输出书目信息的目录形式。

与传统目录相比,机读目录有无可比拟的优越性。其特点是:①载体信息密度高、体积小、易于保存、节省空间。②一次输入,多种输出。③检索效果好:不仅检索速度快,而且可以根据检索者的需要进行多角度限定,有较高的查全率和查准率。④自动排序:既可节省目录组织的时间,又可保证目录组织的质量。⑤修改维护方便:假如某一文献已从馆藏中剔除,只要从机读目录中删掉这条记录即可,而不必像传统目录那样将各种款目都进行修正。

机读目录不仅用于查重,还可以生产多种编目产品,如目录卡片、书标、书卡、新书报道、专题目录等。

(二) Z39.50 协议

Z39.50 协议(全称 Informational Retrieval Service Definition and Protocol Specifications for Library Applications)是用于 TCP/IP 环境下,即 Internet 网上客户机与服务器间进行信息检索的一种网络协议,它由一套用来控制和管理计算机之间通信过程中涉及的格式和进程的规则组成。Z39.50 是一种开放网络平台上的应用层协议,它支持计算机使用一种标准的、相互可理解的方式进行通信,并支持不同数据结构、内容、格式的系统之间的数据传输,实现异构平台和异构系统之间的互联与查询。同时,它还是一种基于网络的信息标准,它允许用户检索远程数据库,但不局限于检索书目数据,在理论上可用于检索各种类型的数据资源。

例如,全国图书馆联合编目软件 UACN-UC 即采用了 Z39.50 协议,实现了联合编目中的数据查询及下载;利用 Z39.50 的协议服务完成了书目及馆藏信息的上载;利用资源控制和访问控制服务,实现了联合编目中的计费和权限控制等。同时,该软件还可以检索其他具有 Z39.50 协议的服务器上的信息,实现真正意义上的资源共享。它的运作模式是中心的各成员馆通过客户端软件查询中心书目数据库,若中心有满足条件的数据,成员馆可以下载该书目数据或对所编目书目数据提出修改建议,若中心没有满足条件的数据,成员馆可以到中心申请编目数据,在本地编目完后再上载到中心数据库。联合编目中心主要负责数据的质量控制、权限控制及费用结算等。

(三)XML

1998 年,因特网联盟(World Wide Web Consortium,W3C)宣布了作为 Internet 上数据表示和数据交换的新标准 XML,即 Extensible Markup Language(可扩展置标语言)。由于 XML 可运行在任何平台和操作系统上,具有结构化、标准化的文件模式,在图书馆整理、组织与保存网络信息资源时,采用 XML 是非常方便的。因此,从它一诞生起,XML 就对图书馆馆藏信息资源的描述和发布产生了极大的影响。

以 XML 为基础的新一代万维网(World Wide Web,简称 WWW,也称为 WEB、3W 等)环境是直接面对 WEB 数据的,不仅可以很好地兼容原有的应用,而且可以更好地实现 WEB 中的信息共享与交换。XML 可看作一种半结构化的数据模型,可以很容易地将 XML 的文档描述与关系数据库中的属性一一对应起来,实施精确的查询与模型抽取。XML 具有以下特点:

第一,使用 XML 可以设计自己的文件类型,而不必拘泥于超文本标记语言(Hyper Text Markup Language,HTML)的固定格式。文件类型可以根据自己的需要定义取舍。

第二,XML 支持类似于 HTML 中的简单链接,还支持广泛的扩展链接。

第三,XML 可以将数据的存储与数据的显现分开,即内容与形式分离。这样,对网页著录的结果就可以形成中央数据库,数据库中的每一条记录就是一个网页的元数据。

第四,用 XML 建立的数据信息易于访问和重复使用,即已建立好的 XML 的标识可以被其他任何 XML 程序使用,而 HTML 在使用时要拘泥于某个开发者。

XML 是网络环境下对电子资源进行处理的一种行之有效的新技术。它既适用于多个领域的各种电子资源(如全文、多媒体)的处理,又适用于简洁明了的目录信息处理,如 Dublin Core 的元数据集或 MARC 中的各字段的处理,而且 Dublin Core 与 XML 相结合,则把 XML 在多种特定行业里需要处理的数据语义词汇繁杂性予以简化约定和规范了,使 XML 的广泛应用十分成功。

图书馆较长时间以来采用 MARC 格式交换书目数据。MARC 格式仅仅用于图书馆系统间数据交换,MARC 格式不能取代系统的内部格式。这些异构系统要想在网络环境下实现互联,还必须采用 Z39.50 协议。XML 恰恰从数据与文档的底层实现格式化,这就保证了从里到外、从处理到交换的一致性,因而有利于网络环境下采用通用的检索引擎等软件工具。这为实现广义的数字图书馆(例如通过关键词即可查到网上最终文献——无论文献存在哪个系统)展现了良好的前景。

(四)RDF

随着 XML 标准被 W3C 建立以来,它已成为事实上基于 Internet 的信息交换的标准化语言。采用 XML 描述的信息,结构良好,表达能力充分,并可以通过文档类型定义(Document Type Definition,DTD)或 XMLS 对信息结构验证,因此满足了信息在语法层次上的互操作,但还不能解决语义层次上的互操作问题。为了在网络环境下自动识读和交换源于不同目的和历史、应用于不同领域、具有不同语义的多种元数据,需要统一的描述框架和标记语言,因此,W3C 定义了资源描述框架(Resources Describing Framework,RDF)。RDF 是用来描述资源及其之间关系的语言规范,它通过描述对象属性值三元组关系体现相关事物的信息内容,对信息内容可进行语义化的描述。

1. RDF 与 XML 的关系

RDF 与 XML 具有内在思想的一致性,它们是互为补充的。因为 XML 定义了 RDF 的表示语法,这样就可以方便地用 XML 来交换 RDF 数据;XML 和 RDF 的结合,不仅可以实现数据基于语义的描述,也充分发挥了 XML 与 RDF 的各自优点,便于 Web 数据的检索和相关知识的发现。

RDF 的目标在于定义一种资源描述机制,这种机制与平台无关,与应用无关,同时与领域无关,也就是说,这种描述机制适合描述任何领域的信息。也正是由于 RDF 这种高度的开放性,为网络信息资源的组织检索提供了适合的交换框架。

2. RDF 在网络信息资源组织上的应用

由于 RDF 本身用 XML 语言标记,可在任何基于 XML 的系统平台上方便的解析,从而提供了统一的和机器可读的元数据标记和交换机制,使检索过程由原来的关键词组匹配进化为内容匹配,克服了形式匹配所带来的种种缺陷,因而,能够有以下各种不同的应用:

(1)在资源检索方面,为搜索引擎提供更好的性能,提高搜索引擎的检索准确率。

(2)在编目方面,能够描述网站、网页、数字图书馆或电子出版物等网络资源的内容及内容之间的关系。

(3)通过智能软件代理(Intelligent software agents)能够促进信息的分享与交换。

(4)应用在数字签章上,则是发展电子商务,并建立一个可以信赖的网站的关键。

除此之外,RDF 还可以应用在内容分级(Content rating)、知识产权、用户与网页的隐私权等方面。

三、数字图书馆信息资源组织的相关技术

(一)数字图书馆建设的基本理念

数字图书馆已成为各国信息资源组织建设的一个热点,它从建立之初就有一套完整的建设理念作为指导,即:

1.内容揭示的深入化

数字图书馆进一步加深了对信息的标引和揭示,尤其注重信息横向和纵向内容的揭示。数字图书馆对数据对象的描述已深入知识单元,扩大了标引的范围,加深了标引的深度,多层次、多方位地描述和分析信息之间的内在联系,这实质就是知识组织。

2.集成化、个性化的服务

数字图书馆为了进一步序化信息资源,突破各种信息资源的异构性给用户利用带来的麻烦,正致力于构建一个集成的信息检索平台,通过一致的对外接口,使用户能方便、快捷地浏览和检索各种异构信息资源。同时,利用先进的技术为不同用户量身定做一些信息产品,如信息推送服务、信息个性化定制服务等。

3.信息资源组织的标准化

数字图书馆是一个共享模式,因此信息资源组织必须遵循标准化、规范化的原则。标准化是数字图书馆信息资源共建共享的前提。目前,使用较广的标准有元数据标准、Z39.50协议等。

(二)数字图书馆信息资源组织的技术简介

信息资源组织的最终实现必须依赖信息技术的运用。数字图书馆信息资源组织模式中涉及的技术主要有元数据技术、推送技术、数据挖掘技术、智能技术等。

1.元数据技术

元数据是"关于数据的数据"(data about data),主要是用来描述网络中数据和资源的属性,促进信息资源组织和发现的数据。数字图书馆网格信息资源组织由三部分组成:指针、元数据和数据。指针对应于位置,用来唯一标识数据;元数据是一组用来描述数据本身特征的数据集;数据是指数字图书馆基本信息资源对象。

在数字图书馆网格信息资源组织中,元数据具有非常重要的作用,它能帮助用户识别、定位、发现、描述和选择信息等,其本质上具有电子目录的功能;可以揭示各种类型电子文献的内容和其他特征,进而达到网络资源的组织、分类、索引等目的。

目前,较有影响并已成为一种标准的元数据格式是"都柏林核心"(Dublin Core),它由15个元素组成:标题(Title)、作者(Creator)、主题(Subject)、说明(Description)、出版者(Publisher)、其他责任者(Contributor)、日期(Date)、类型(Type)、格式(Format)、标识符(Identifier)、来源(Source)、语言(Language)、关联(Relation)、覆盖范围(Coverage)、权限(Rights)。

网格环境下,元数据除了上述的15项之外,还要包含距离、区域、数量和精确位置。由于数字图书馆网格信息资源提供者不同,所处环境异构,所以在对网格信息资源进行描述时,必须要对信息资源所处的空间位置进行必要的描述。

2.推送技术

所谓信息推送,就是网络公司通过一定的技术标准或协议,从网络上的信息源或信息制作商获取信息,通过固定的频道向用户发送信息的新型信息传播系统。信息推送技术在对网络信息的整序方面发挥了巨大作用,它不仅能利用其强大的功能,对有用的信息进行分类和管理,而且能按照用户的要求,以固定的信息频道进行播发,从而大大提高了信息开发利用的程度和管理的力度。目前,常见的推送技术主要有频道式推送和邮件式推送。

3.数据挖掘技术

数据挖掘指的是从数据仓库中提取人们感兴趣的知识,这些知识表现为概念、规则、规律、模式等形式,它们是隐含的、事先未知的、潜在的有用信息。数据挖掘是从图书馆大量不完全的、有噪声的、模糊的数据中发现模式,其实质就是揭示信息内在的联系。

4.智能技术

传统的信息资源组织大多是以人工方式进行的,网络信息资源组织模式可以实现网上自动分类、自动标引、自动编制分类表与词表等各种技术,但它只是一种自动化技术,而不是人工智能技术,因此分类、标引的准确率并不高。数字图书馆引入人工智能技术,并与自动化技术有机结合,从而使用户的信息需求可以被智能地推理与理解。

第二节 信息资源存储技术

一、数据存储设备

随着图书馆信息化建设的不断发展,网络数据的安全性变得越来越重要。要想做到网络数据安全,存储备份设备必不可少。目前,市场上的存储产品主要有磁盘阵列、磁带库、光碟塔和光碟网络镜像服务器等。

(一)磁盘阵列

磁盘阵列是把多个读写请求分散到多个硬盘中来突破单个磁盘的极限,应用磁盘数据跨盘技术,组合多个硬盘,使其协同工作,并且对主机来说,见到的并不是一个个实际的物理盘,而是组合后的一个或多个逻辑硬盘。从这种意义上说,磁盘阵列的存储能力是无限的,因为它是基于单个硬盘容量和阵列规模的。磁盘阵列的这种海量存储能力使之非常适用于需要海量存储的应用系统。它可按照用户对于存储容量的需求来进行阵列配置,从而达到海量存储的要求。

磁盘阵列存储系统的好处除了超大的存储容量外,还在于数据的安全、存取速度以及数据的并发读写上。磁盘阵列把多个硬盘驱动器连接在一起协同工作,大大提高了数据的读写性能,某些级别的 RAID 技术可以把数据的读写速度提高到单个硬盘驱动器的 400%,如果再加上一个热备份盘,可以把硬盘存储系统的可靠性提高到接近无错的境界。磁盘阵列存储系统的这一功能可以很好地满足多人对数字化资源的在线并发访问。

(二)磁带库

磁带库是将磁带和磁带机结合组成的。它可以从装有多磁带的磁带匣中拾取磁带并放入驱动器中,或执行相反的过程,实现数据的自动备份和恢复功能,它的存储容量可达到数百 PB(1PB=100 万 GB),备份能力达 100GB~200GB 或者更多的数据;可以自动搜索磁带,实现数据的连续备份;可以在驱动管理软件控制下实现智能恢复、实时监控和统计,整个数据存储备份过程完全摆脱了人工干涉。在数字图书馆的建设中,磁带库通过存储区域网(SAN)系统可形成网络存储系统,实现数据的远程访问、存储和备份,或通过磁带镜像技术实现多磁带库备份,这无疑是实现数字图书馆多媒体信息存储、共享的良好存储设备。

(三)光碟塔

光碟塔由几台或十几台 CD-ROM 驱动器并联构成,可通过软件来控制某台光驱的读写操作。光碟塔可以支持几十个到几百个用户同时访问信息。

(四)光碟网络镜像服务器

光碟网络镜像服务器是继第一代的光碟库和第二代的光碟塔之后开发出的一种可在网络上实现光碟信息共享的网络存储设备。光碟网络镜像服务器不仅具有大型光碟库的超大存储容量,而且还具有与硬盘相同的访问速度,其单位存储成本(分摊到每张光碟上的设备成本）大大低于光碟库和光碟塔，因此，光碟网络镜像服务器已取代光碟库和光碟塔，逐渐成为光碟信息共享设备中的主流产品。

在图书馆的海量存储系统中，磁盘阵列、磁带库、光碟库等存储设备因其信息存储特点的不同，应用环境也有较大区别。磁盘阵列主要用于网络系统中的数据的即时存取或在线数据存取，磁带库更多的是用于网络系统中的数据的定期备份或离线数据的存储，光碟库则主要用于网络系统中的数据的访问。

二、数据存储技术

（一）数据存储的技术基础：RAID

RAID 技术是形成 DAS、NAS、SAN 的共同基础。RAID 是由多块磁盘构成的冗余阵列，是通过磁盘阵列与数据条块化方法相结合，以提高数据可用性的一种结构。RAID 子系统将用户数据和应用分布在多个硬盘上提供容错，提高了数据的可用性，也改善了 I/O 传输响应时间。这样，多硬盘并行数据存取有效地提高了系统性能，从而实现多个硬盘同时处理单一传输的请求。可见，RAID 技术是一种快速、大容量和容错分布合理的磁盘阵列，优点是既适用大数据量的操作，也适用于各种事务处理。随着在线的全文数据库日益增多，单个硬盘已完全不能满足数字化图书馆在线存储容量的需要，因此，RAID 技术在图书馆的应用日益广泛。

RAID 技术是一种工业标准，各厂商对 RAID 级别的定义也不尽相同。根据 RAID 采用的方法不同，可以将其分为 0～5 六个级别，目前获得业界广泛认同的只有 RAID0、RAID1、RAID0+1 和 RAID5 四种，也是常用的四种。其中，RAID5 目前应用最为广泛。RALD5 是一种将存储性能、数据安全和存储成本三者兼顾的存储解决方案。

RAID5 含有三个或三个以上硬盘，其中数据被分成多个称为条带的管理块，相同的条带区进行奇偶校验，校验数据平均分布在每块硬盘上。这样，以 n 块硬盘构建的 RALD5 阵列可以有 n-1 块硬盘的容量，存储空间利用率非常高，而且任何一块硬盘上数据丢失，均可以通过校验数据推算出来。因此，RAID5 具有数据安全、读写速度快、空间利用率高等优点。但它也存在一定的缺点，即控制比较复杂，尤其表现在利用硬件对磁盘阵列的控制上。

（二）数据存储的三种技术架构

1.直接访问存储（DAS）

DAS（Direct Attached Storage），是指主机与存储设备（磁盘或磁盘阵列等）之间直接连接，存储设备以 SCSI 或 ATA（目前连接方式已扩展为 FC、USB、1394 等多种）作为数据接口的存储方式。特点是存储设备通过电缆线直连到一台计算机或服务器上,其本身是硬件的堆叠,主机操作系统独占该存储设备的使用权限,其他主机不能直接访问该设备。目前的 PC 机、通过 SCSI 卡接 SCSI 磁盘或磁盘阵列的服务器均属于 DAS 范畴。

DAS 的优点:具有对网络带宽依赖程度低,技术成熟,标准统一,兼容性较好(服务器上的每块 SCSI 卡可以连接 16 个存储设备),便于扩容,存储设备和服务器可以分别购买,价格相对较低,性能稳定,安全性高,便于安装,不需要复杂的软件和技术,维护成本较低。

DAS 的不足:受服务器性能局限影响或发生故障时,将成为网络瓶颈或存储设备中的数据不能被存取;扩展性差,有几台服务器就必须有几台相应的 DAS 设备,容易形成数据信息的孤岛,不利于集中管理和共享。

2.网络附加信息存储(NAS)

1996 年,美国首先提出 NAS 概念,即把存储设备和网络接口集成在一起,直接通过网络存取数据。NAS 是一种专业的网络文件存储及文件备份设备。它通过自带的网络接口把存储设备直接连接到网络中,实现海量数据的网络共享,把应用程序服务器从默重的 I/O 负载中解脱出来,从而把存储功能从通用文件服务器中分离出来,获得更高的存取效率和更低的存储成本。

NAS 其实也是一台服务器,有自己的核心,如 CPU、内存、操作系统、磁盘系统。但它的物理位置非常灵活,既可以放置在数据中心的工作组内,也可以放在其他地点,通过物理链路与网络连接。NAS 设备集成了信息存储器件(例如,硬盘驱动器阵列、CD 或 DVD 驱动器、磁带驱动器或可移动的信息存储介质)和简易服务器,具有 RAID 功能和完全的文件服务器功能。

NAS 产品将所有的软件都全部固化在自身的设备内,并且支持目前流行的各种协议,包括 TCP/IP、IPX/SPX 等,因此,它能支持各种操作系统。在现实应用中,只需将 NAS 产品直接通过网络接口连接到网络上,并简单地配置一下 IP 地址,就可以被网络上的用户所共享。同时,系统维护也非常方便,NAS 产品既独立于应用服务器,又能保证系统的安全性和可靠性。

NAS 的优点:连接方便,扩展性能好,读取速度快,支持多操作系统的同时访问,对于一般非法用户请求有一定自身保护功能,数据集中式管理,方便使用。

NAS 的缺点:造价相对比 DAS 高;在扩展性、数据备份和传输能力等方面存在一定的局限性。首先,NAS 存储的可扩展性受到设备容量的限制,在存储空间不足时,在网络中增加一台新的 NAS 设备非常容易,但新的 NAS 设备需要有一个新的 IP 地址,与原有的设备不能集成一体,不能形成一个连续的文件系统,而客户端必须维持两个 NAS 设备的网络连接。

其次，NAS 没有解决与文件服务器相关的一个关键性问题，即备份过程中的带宽消耗。与将备份数据流从 LAN 中转移出去的存储区域网络(SAN)不同，NAS 仍使用网络进行备份和恢复，它将存储事务由并行 SCSI 连接转移到了网络上。

3.存储区域网络(SAN)

1998 年底，SAN 作为网络存储的又一选择出现在市场上，这一全新的解决方案有望突破 NAS 所受的诸多限制。

SAN 是一种数据存储设备及服务器间通信的专用网络，能够提供几乎无限的信息交换能力。存储区域网上的服务器可以通过 SAN 直接访问存储设备，而无须通过局域网，其是一种几乎拥有无限存储空间的分布式网络，非常适合作为企业存储系统的核心。SAN 基于一个极为简单的原则：任何一个服务器可以与任何存储设备直接进行数据交换，而不受 NAS 体系结构的限制。SAN 不仅可以容纳 Web 服务器及 Internet 上的所有信息，而且可以在一个中心节点上完成对所有数据的管理。

作为一个离散的网络，一个完整的 SAN 包含存储设备(服务器和磁盘阵列甚至磁带库)、高带宽网络通道(一般由光纤通道构成)、用于通道连接的共享式或交换式集线器、用于设备或服务器数据交换的路由器以及将这一切连接起来的应用软件。由于存储设备直接连入 SAN 并且建立了一个可以使每台服务器都能够获得数据的存储池，SAN 上的所有数据都可以进行集中管理，而集中管理意味着简化企业级的数据管理工作和降低管理成本。这一分布式的网络通常由连接服务器和存储设备的光纤通道环构成。通过多个光纤通道，用户可以建立冗余、容错的拓扑结构。两台服务器可以同时通过两个通道访问同一台存储设备，即使其中一台服务器发生故障，使用者仍然可以通过另外一台服务器继续完成数据的访问工作。

SAN 的优点：几乎可以无限扩展，用户可以在 SAN 结构上自由添加各种存储设备，整个系统扩展灵活。由于采用光纤信道(FC)的传输方式，SAN 的传输速率非常高，当前的传输速度为 100Mbps/200Mbps。SAN 上数据传输的方式是块传输，在光纤上可以传输大数据块。又由于 SAN 独特的结构特别适合于进行连续的大流量的数据备份，促进了新型的 LAN-Free 和 Serverless 的备份方式。

SAN 的缺点：管理不方便，要有专用的管理机，所有的管理软件都要另外购买，无形中提高了整体造价。用户端之间的所有数据交换都要经过服务器，服务器性能下降。特别是邮件应用在多用户同时访问时，由于存储数据的 I/O 问题，会对邮件服务器造成压力。整个系统造价相对较高。

上述三种存储模式从体系架构的逻辑上看，有明显的区别。一般的存储系统对性能、安全性、扩展性、易用性、整体拥有成本、服务等几方面都会提出不同的要求。由于各图书馆存储系统的构建并不是一蹴而就的,都会经历从单机迈向网络化存储的过程,因此就存在 DAS、NAS 和 SAN 三种存储方案的选择问题。在规划和建设数字图书馆海量文献存储系统时,必须充分考虑先进性、大容量、扩展性、可用性、安全性、兼容性等因素。

三、数字图书馆数据存储解决方案

(一) DAS 专用存储方案

这种方案可以针对单一的、规模较小的数字化应用。因为 DAS 的实现比较容易、管理集中且费用最便宜,因而是中小型图书馆的首选方案,特别适用于某些使用频率不高或是服务专门化的单位或部门。

(二) NAS 存储方案

这种方案是目前大多数图书馆采用的存储方案。因为 NAS 是基于 IP 协议的,可以很方便地接入局域网,且由于 NAS 自带文件系统和管理服务,所以管理较为方便,成本也相对便宜。更重要的是,NAS 可以直接对文件进行 I/O 读写,具有文件检索优势。目前,数字图书馆的大部分应用系统如电子期刊、电子图书、多媒体数据库等均可设置在 NAS 上。

(三) SAN 存储方案

这种方案主要针对要求提供高速网络服务的应用系统,适合规模较大且资金充足的图书馆。特别适用于读取块文件的应用,譬如 VOD、多媒体数据库等。

因为 SAN 目前尚存在标准不统一、价格较高、管理手段专业等不完善因素,所以,将 NAS 与 SAN 融合在局域网中,发挥它们各自的优势是一种追求性价比的最佳方案,也是目前技术水平下的最佳方案。NAS+SAN 有三种方式:即基于 iSCSI 的融合,NAS 作为 SAN 的存储子系统,使用 SAN 连接 NAS。

总之,在数字图书馆网络存储技术选择中,首先要明确自己的需求,在确定了存储系统基本架构之后,可以从数据保护能力、性能、容量、连接性、管理性、扩充性、性价比和附加功能等几个方面来综合考虑选择合适的存储产品。同时,要选择一家有经验并具有良好信誉的存储专业系统集成商,要求商家根据图书馆系统状况、技术特点、用户需求等因素总结制定一系列的技术支持服务,为数据存储系统提供最为有效、最为安全的系统保护。

第三节 网络技术

一、网络技术简介

网络技术是通信技术与计算机技术相结合的产物。计算机网络是按照网络协议,将地球上分散的、独立的计算机相互连接的集合。连接介质可以是电缆、双绞线、光纤、微波、载波或通信卫星。计算机网络具有共享硬件、软件和数据资源的功能,具有对共享数据资源集中处理及管理和维护的能力。

计算机网络可按网络拓扑结构、网络涉辖范围和互联距离、网络数据传输和网络系统的拥有者、不同的服务对象等不同标准进行分类。一般按网络涉辖范围划分为:①局域网(LAN);②城域网(MAN);③广域网(WAN)。局域网的地理范围一般在10千米以内,属于一个部门或一组群体组建的小范围网,如一个学校、一个单位或一个系统等。广域网涉辖范围大,一般从几十千米至几万千米,如一个城市、一个国家或洲际网络,此时用于通信的传输装置和介质一般由电信部门提供,能实现较大范围的资源共享。城域网介于LAN和WAN之间,范围通常覆盖一个城市或地区,距离从几十千米到上百千米。

计算机网络由一组结点和链络组成。网络中的结点有两类:转接结点和访问结点。通信处理机、集中器和终端控制器等属于转接结点,它们在网络中转接和交换传送信息。主计算机和终端等是访问结点,它们是信息传送的源结点和目标结点。

计算机网络技术实现了资源共享。人们可以在办公室、家里或其他任何地方,访问查询网上的任何资源,极大地提高了工作效率,促进了办公自动化、工厂自动化、家庭自动化的发展。

二、网络建设技术

(一)VLAN技术

1.VLAN技术概述

交换技术是VLAN技术的基础。交换式网络的产生与运用为VLAN技术奠定了基础。VLAN是由传统网络LAN概念引申而来,但又与传统网络有着本质的区别,它使网络结构与功能提高到一个新的层次。概括地说,VLAN是指通过软件策略将网络用户按性质及需要分成若干个"逻辑工作组",每个"逻辑工作组"为一个VLAN,同一VLAN的各个站点都在一个广播域中,它们相互可以通信,不同的 VLAN 站点之间进行通信经过路由器来进行。

传统的以太网是基于共享机制,访问特点是各站点竞争公用介质,在同一 VLAN 上任何时刻都只允许有两个站点互相通信,其他站点必须等待。很明显,随着用户增加,整个网络效率会急剧下降。交换式以太网是基于交换机制,它的核心采用以太网交换机。交换机提供大容量动态交换带宽,并采用 MAC 帧直接交换技术,在接入的多个站点间同时建立多个并行的通信链路,彻底改变原来共享的信道为独享信道,最大限度地减少了网络帧的碰撞和转发延迟,使带宽与效率成倍增加。以第三层交换为中心的 VLAN 技术,将传统的基于广播的局域网技术发展为面向连接的技术,无需通过开销很大的路由器隔离广播信息。它能最大限度地实现"尽可能用交换,必须时才路由"的思想,甚至在第三层交换机上可实现线速路由,也就是通过 VLAN 技术实现高效的中心交换。

2.VLAN 的划分及工作方式

(1)基于端口的划分。通过把交换机上的某个或某几个端口划分为一个 VLAN,这种划分比较简便明了,在工作站改变使用功能时,不需要网管人员改变机器内部的网络设置,只需改变端口即可使用,也能实现异地图书馆系统管理,保证数据库的安全运行。但它不能满足对 VLAN 特性的某些要求,如不能给特定端口上支持一个以上的 VLAN,如果将结点移动到新的端口,需要网络管理员重新配置。

(2)基于 MAC 地址的划分。MAC 地址是每一个网卡的物理地址,即将每个 MAC 地址划分到每个 VLAN。这种情况下,每个 VLAN 是一些设备的 MAC 地址的集合。例如,将两个部门工作站的 MAC 地址分配到两个 VLAN 中,分别为 VLAN1、VLAN2,由于 MAC 地址总是跟随着结点设备,这就解决了端口形成的 VLAN 的某些限制。这种方法允许交换器包含多个 VLAN 成员,并且当结点设备沿着建筑物或园区移动时,自动对它们跟踪。这个方法的最大缺点是需要做费力的 MAC 地址操作。

(3)基于网络层的划分。即把使用相同网络协议的站点划分到一个 VLAN 中,这种方法便于 VLAN 扩展到多台的 LAN 交换器上,允许每个端口容纳一个以上的子网,使 VLAN 有更大的灵活性,比基于 MAC 地址的 VLAN 更容易做到自动化管理。在这种方式的实施过程中,当不同的 VLAN 需要通信时,将要由交换器的第三层路由功能或借助外部路由器的路由功能来实现。

(4)基于管理策略的划分。这是一种灵活性最好的组成 VLAN 的方法,在网络管理中制定某种策略,使用这种策略向 VLAN 分配结点设备,适用于所有的 LAN 交换器。基于策略组成的 VLAN 能够实现许多种分配方法,包括 MAC 源地址、第三层地址、按照某种协议的类型域等。这种划分方式灵活性是最好的,但管理性也是最为复杂的。

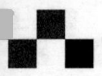

3.VLAN 技术的特点

(1)增加了网络连接的灵活性。它不受网络物理位置的限制,并可跨越多个物理网络、多台交换机。网络管理员将网络上用户按业务功能划分成多个"逻辑工作组",每一组为一个 VLAN,而不必按地理位置分组。VLAN 可以降低移动或变更工作站地理位置的管理麻烦。

(2)控制网络上的广播风暴。随着网络向交换结构转变,人们失去了路由器提供的隔离广播信息的功能。这样,广播风暴将发送到每一个交换端口,这就是常说的整个网络是一个广播域。使用交换网络的优势是可以提供低延时和高吞吐量,缺点是增加了整个交换网络的广播风暴。VLAN 可以提供可隔离广播信息的机制,使每个 VLAN 为一个广播域,人们可以通过划分 VLAN 的方法来限制广播域,防止交换网络的过量广播风暴。使用 VLAN,可以将某个交换端口或用户赋予某个特定的 VLAN 组,该 VLAN 组可以在一个交换网中或跨接多个交换机,在一个 VLAN 中的广播风暴不会送到该 VLAN 之外。同样,相邻的端口不会收到其他 VLAN 产生的广播风暴。这样,可以减少广播流量,释放带宽给用户应用,并减少广播风暴的产生。

(3)增加网络的安全性。人们在 VLAN 上经常传送一些保密的、关键性的数据,因此应提供访问控制等安全手段。一个有效和容易实现的方法是将网络分段成几个不同的广播组,网络管理员限制在 VLAN 中用户的数量,禁止未经允许而访问 VLAN 中的应用。这样就有效地隔离了不同 VLAN 成员之间的访问,防止了大部分基于网络侦听的入侵,可以将通信限定在同一虚网中,形成特别有效的、限制非授权访问的屏障。

(4)提升网络带宽。通过集中化的 VLAN 管理程序,网络管理员可以确定 VLAN 组,分配特定用户和交换端口给这些 VLAN 组,设置安全性等级,限制广播域的大小,通过冗余链路负载分组网络流量,跨越交换机配置 VLAN 通信,监控交通流量和 VLAN 使用的网络带宽。这些有效地提高了网络管理程序的可控性、灵活性和监视功能,减少了管理费用。将网络上的用户按业务功能划分成多个"逻辑工作组",每一组为一个 VLAN,这样可使日常的通信交流信息绝大部分被限制在一个 VLAN 内部,使得带宽得到有效利用。

(二)VPN 技术

1.VPN 与 VPN 技术简介

VPN(Virtual Private Networks),即虚拟专用网络,是一种通过加密、身份认证、隧道协议等技术,在公用网络上实现安全专用通信的网络。在虚拟专用网络中,任意两个节点之间的连接并没有传统专网所需的端到端的物理链路,而是利用某种公用网的资源动态组成。

VPN 通过一个公用网络(通常是因特网),建立一个临时、安全的连接,形成一条穿过公用网络的安全、稳定的隧道,使两个专用网络互联。需要时,VPN 将公用网的部分带宽用于私用网;通信停止后,这部分带宽又还给公用网。VPN 不需要建立远程连接,而是通过 ISP 提供的公用网来实现广域连接。VPN 的使用者只需连入本地提供 VPN 服务的 ISP 提供的 POP,就可相互通信,而不像传统的 WAN 需要架设专线。

VPN 技术指采用隧道技术和加密、身份认证等方法,在公用网络上构建专用网络的技术,数据通过安全的"加密管道"建立在公众网络的逻辑链路中传输。VPN 既可以让客户连接到公用网所能达到的任何地方,也易解决保密性、安全性、可管理性等问题,大大降低网络的使用成本。VPN 的功能包括:通过隧道(Tunnel)或虚拟电路(Virtual Circuit)实现网络互联;支持用户安全管理;能够进行网络监控、故障诊断。VPN 大致可分为三类:企业内部虚拟网(Intranet VPN)、远程访问虚拟网(Access VPN)和企业扩展虚拟网(Extranet VPN)。Intranet VPN 是指企业的总部与分支机构间通过公用网构筑的虚拟网。它通过一个使用专用连接的共享基础设施来连接;企业拥有与专用网络的相同政策,包括安全、服务质量、可管理性和可靠性等。Access VPN 是指企业员工或企业的小分支机构通过公用网远程拨号的方式构筑的虚拟网。它可以通过拨号、ISDN、XDSL、移动 IP 等方式实现安全连接,用户可随时随地以其所需的方式访问企业资源。Extranet VPN 是指不同企业网通过公用网来构筑的虚拟网。它通过一个使用专用连接的共享基础设施,将客户、供应商、合作伙伴或兴趣群体连接到企业内部网,企业拥有与专用网络的相同政策,包括安全、服务质量、可管理性和可靠性等。它适合于提供 B2B 之间的安全访问服务。通常把 Access VPN 叫作拨号 VPN,即 VPDN(Virtual Private Dial-Up Networks);将 Intranet VPN 和 Extranet VPN 统称为专线 VPN。图书馆的 VPN 宜采用专线 VPN 的方式。实现 VPN 主要方式有:一是通过专用软件、购买具有 VPN 功能的路由器或在现有路由器中增加 VPN 模块;二是 ISP 提供;三是 ISP 和单位共同建设。

2.VPN 的技术优势

VPN 确实是合并图书馆分馆之间互联的一个理想方案。特别是基于 IP 的虚拟专用网技术,采用 TCP/IP 网络协议,利用现有的 Internet 网络环境,在公用网络信道上建立逻辑上的专用网络。利用它可以在校区分馆与中心馆内部网之间建立可信的安全连接,并保护数据的安全传输。同时,将数据流转移到低成本的 IP 网络上可大幅度地减少图书馆在 WAN 和远程网络连接上的费用。VPN 对于图书馆网络建设有着很多的技术优势,主要体现在:

(1)高度安全性。VPN 综合利用访问控制技术、防火墙技术和加密技术,并通过适当的密钥管理机制在公用的互联网络上建立图书馆自己专用的通信通道,可以在不影响现行业务系统正常运行的前提下进行,同时保证了网络的安全性能。

(2)降低通信成本。因为 VPN 是通过 ISP 搭建在公用网络上的,与专用网络相比,可节省大量通信和设备费用,图书馆不必投入大量的人力和物力去安装和维护广域网设备和远程访问设备,因为这些工作都是由 ISP 来完成的。

(3)可管理性。如果图书馆想扩大 VPN 的容量和覆盖范围,只需让 ISP 来完成就行了,扩展十分方便。图书馆还可与其他图书馆的网络实现随机连接,而不必租用专线或使用相同的网络协议;图书馆通过对用户的查验和管理控制本馆网络,而让 ISP 只控制拨号访问。总之,费用低廉、安全、可靠、灵活性大等特点,使 VPN 成为图书馆与分馆之间网络互联的较理想方案。

3.图书馆建立 VPN 的设计原则

为了使网络系统安全可靠,在公用网上构建图书馆 VPN 业务专网,应遵循以下组网原则:

(1)安全性。通过在公用网上构建图书馆 VPN 业务专网、内外网物理隔离、隧道、加密等技术,并制定统一的图书馆网络安全策略,整体考虑图书馆网络平台的安全性。

(2)高可靠性。网络系统的稳定可靠是图书馆管理系统正常运行的关键保证,在图书馆网络设计中应优先考虑高可靠性的网络产品,并合理设计网络架构,制定可靠的网络备份策略,以保证网络具有故障自愈的能力。

(3)技术先进性和实用性。保证满足图书馆管理系统的同时,又要体现出网络系统的先进性。在网络设计中,要把先进的技术与现有的成熟技术和标准结合起来,充分考虑图书馆业务应用的现状和未来发展趋势。

(4)高性能。骨干网络性能是图书馆各项业务良好运行的基础,设计中必须保障网络及设备的高吞吐能力,保证各种数据信息的高质量传输。

(5)标准开放性。支持国际上通用标准的网络协议(如 TCP/IP)、国际标准的大型的动态路由协议等开放协议,有利于保证与其他网络之间的平滑连接互通,以及将来网络的扩展。

(6)可管理性。对网络实行集中监测、分权管理,并统一分配带宽资源。选用先进的网络管理平台,具有对设备和端口等的管理、流量统计分析及可提供故障自动报警功能。

(三)无线网桥技术

在无线局域网技术已经成熟的今天,无线网桥方式就能够方便、经济地实现图书馆各分馆间的远程互联,并且拥有传统网络所不能比拟的易扩容性和自由移动性优点。

1.无线网桥简介

无线网桥是能在链路层实现 LAN 互联的存储转发设备,是无线接入点(AP:Access Pomt)的一种类型,可用于固定数字设备与其他固定数字设备之间的远距离、高速无线组网。其主要的组网方式有三种:点对点、点对多点、中继连接。

根据采用的标准不同,无线网桥主要有 2.4GHz 频段的 802.11b 或 802.11g 无线网桥和采用 5.8GHz 频段的 802.11a 无线网桥。目前市场上的无线网桥,已经具备传输大容量数据所需的高速数据传输速率(可达 108Mbps)和较大的覆盖范围(可达 50 千米),并且安全可靠,不受恶劣天气的影响。采用无线网桥实现远程互联,其费用主要是来自前期购买设备的投资,在安装调试成功,之后的花费几乎可以忽略,因而是高校图书馆与各分馆间联网的一种选择。

2.利用无线网桥实现远程联网的解决方案

远程互联系统方案设计主要受到图书馆分馆的数量、分馆间的距离、可视状况、电磁干扰情况等因素的影响。现在无线网桥的主流产品,如 Cisco Aironet350 系列无线网桥,能够连接两个或多个位于不同的大楼内的网络,具备传输大容量数据要求的高速数据传输速率(54 Mbps 或 11Mbps)和优异的吞吐能力,建筑物间连接最远可达 50 千米,同时,大多数无线网桥还允许多个地点共享一条与 Internet 的单一高速连接。在网络的安全性方面,通过 WEP 数据加密与标准认证功能的集成,或者 WPA 用户认证机制,可以达到与传统有线网络等效的数据安全性水平。无线网桥的配置和管理可使用直接控制台进行本地控制或通过 Telnet、文件传输协议(FTP)、简单网络管理协议(SNMP)或浏览器图形化用户界面(GUI)进行远程配置。

(1)点对点无线网桥解决方案。如果图书馆只有分馆 A 和分馆 B,A、B 两分馆间没有障碍物阻挡、无电磁干扰或干扰小,且它们的距离在 50 千米之内,即可采用点对点方式直接传输:分馆 A 和分馆 B 各安装一个 11Mbps 无线网桥,如 Cisco Aironet BR350-E/A-K9(覆盖范围达 40.2 千米),并在各分馆大楼顶端安装一个定向天线,且指向对方,两处的无线网桥都通过同轴电缆与本地天线和各分馆内部的交换机连接。这样,分馆 A 内部的 LAN 和分馆 B 内部的 LAN 就连起来了,形成一个大的图书馆 WAN 系统。

(2)点对多点无线网桥解决方案。如果图书馆除总馆外,还有多个分馆,各分馆与总馆间没有障碍物阻挡、无电磁干扰或干扰小,即可采用点对多点方式直接传输。总馆安装一个 54Mbps 无线网桥(如 Cisco Aironet 1400 系列无线网桥),其中心天线的配置应根据各分馆与总馆之间的距离和方位分布不同,采用不同的配置方案:

全向天线:全向天线将信号均匀分布在中心点周围 360°全方位区域,适用于各分馆与总馆距离较近(13 千米之内)，分布角度范围大，且分馆数量较多的情况。

扇面天线：扇面天线具有能量定向聚集功能，可以有效地进行水平 180°、120°、90° 范围内的覆盖。因此，如果各分馆在某一角度范围内比较集中时，可以采用扇面天线。

定向天线：定向天线的能量聚集能力最强，信号的方向指向性极好。因此，分馆数量较少，或者角度方位相当集中时，采用定向天线是最为有效的方案。

组合天线：上述三种天线各具一定的特性，因此在实际项目中，最好使用组合的情况，如利用多幅扇面天线，或者扇面天线和定向天线相结合使用。

其他分馆各配一个定向天线（如 AIR-ANT58G28SDA-N 碟形定向天线），指向总馆方向，总馆和各分馆的无线网桥都通过同轴电缆与本地天线和内部交换机连接。

这种点对多点的模式，连接在总馆的各个远程分馆共享相同的带宽，然而在有些具体项目中，不同远程分馆对网络带宽有不同的需求，以确保其链路的带宽。为了解决带宽有效管理和使用这一问题，总馆中心无线网桥可选择支持带宽分配功能的无线网桥（如 InstantWave 无线网桥）。

通过点对多点模式，图书馆总馆内部的 LAN 和分布在各处分馆的 LAN 全部可实现联网。

(3) 中继连接无线网桥解决方案。如果分馆 A、分馆 B 之间有其他高大建筑物或高山阻挡，但是分馆 A 和障碍物之间以及分馆 B 和障碍物之间均没有其他障碍物阻挡、无电磁干扰或干扰小，则可采用中继方式，即以建筑物或高山顶端作为中继点，分馆 A、分馆 B 都安装无线网桥和定向天线。中继无线网桥连接的两个定向天线分别对准分馆 A 与分馆 B 的定向天线，分馆 A 的无线网桥与分馆 B 的无线网桥的通信通过中继无线网桥来完成。

构建中继无线网桥可以有两种方式：单个桥接器作为中继器和两个桥接器背靠背组成中继点。单个桥接器可以通过分路器连接两个天线。由于双向通信共享带宽的原因，对于对带宽要求不是很敏感的用户来说，此方式是非常简单实用的。对带宽要求较高的用户，可采用背靠背两个处于不同频段的桥接器工作于无线网桥模式，每个无线网桥分别连接一个天线构成桥接中继，保证高速无线链路通信。

这种方案具有传输距离远、信号强、带宽和传输质量有保证等优点。

无线网桥有的是内置天线和避雷器的，但在选择无线网桥时，最好选择可以外接天线和避雷器的产品。

由于各个图书馆的情况都不相同，因此，无线网桥部署就会有所差别。在设计一个图书馆分馆间远程联网解决方案时，不同的距离、配置和安装要求需要一个灵活的解决方案。如果利用适当的网桥天线、适当的安装硬件和合格的安装，就可以安全、方便、经济地在不同分馆间建立起跨越较长距离和障碍的无线连接。

三、网站开发技术

（一）CGI 技术

CGI 是用于 Web 服务器与外部程序之间进行通信的一个标准,使外部程序能生成 HTML、图像或者其他内容,而对于服务器来说,其处理的方式与那些非外部程序生成的 HTML、图像或其他内容的处理方式是相同的。因此,CGI 程序不仅能生成静态内容,还能生成动态内容。使用 CGI 原因在于它是一个定义良好并被广泛支持的标准,能实现动态的 Web 页面。

（二）ASP 技术

ASP,即 Active Server Page 的缩写。它是一种包含了使用 VB Script 或 Jscript 脚本程序代码的网页。当浏览器浏览 ASP 网页时,Web 服务器就会根据请求生成相应的 HTML 代码,然后再返回给浏览器,这样浏览器端看到的就是动态生成的网页。ASP 是微软开发的代替 CGI 脚本程序的一种应用,它可以与数据库和其他程序进行交互,是一种简单、方便的编程工具。在了解了 VBS cript 的基本语法后,只需要清楚各个组件的用途、属性、方法,就可以轻松编写出自己的 ASP 系统。ASP 的网页文件的格式是.asp。

（三）PHP 技术

PHP 是一种服务器端 HTML-嵌入式脚本描述语言。其最强大和最重要的特征是其数据库集成层,使用它完成一个含有数据库功能的网页是不可置信的简单。在 HTML 文件中,PHP 脚本程序(语法类似于 Perl 或者 C 语言)可以使用特别的 PHP 标签进行引用,这样网页制作者也不必完全依赖 HTML 生成网页了。由于 PHP 是在服务器端执行的,客户端是看不到 PHP 代码的。PHP 可以完成任何 CGI 脚本可以完成的任务,但它功能的发挥取决于它和各种数据库的兼容性。PHP 除了可以使用 HTTP 进行通信,也可以使用 IMAP、SNMP、NNTP、POPS 协议。

（四）ASP.NET 技术

ASP.NET 是 ASP 的下一代版本,然而 ASP.NET 又并非从 ASP3.0 自然演化而来,在许多方面,ASP.NET 与 ASP 有着本质的不同。ASP.NET 完全基于模块与组件,具有更好的可扩展性与可定制性,在数据处理方面更是引入了许多新技术,正是这些具有革新意义的新特性,让 ASP.NET 远远超越了 ASP,同时也提供给 Web 开发人员更好的灵活性,有效缩短了

Web应用程序的开发周期。

ASP.NET与Windows 2000 Server/Advanced Server的组合,可为图书馆网站提供一个更为稳定、高效、安全的运行环境。

(五)XML技术

XML(Extensible Markup Language的缩写,意为可扩展的标记语言)。XML是一套定义语义标记的规则,这些标记将文档分成许多部件并对这些部件加以标识。它也是元标记语言,即定义了用于定义其他与特定领域有关的、语义的、结构化的标记语言的句法语言。

四、网络负载均衡技术

(一)图书馆网站访问行为分析

通过分析用户访问图书馆网站的行为,可以了解什么时间访问量大,哪些栏目比较受欢迎,从而有效地实现负载均衡技术。

1. 访问时间分析

一般来说,一天24小时中,早上8点至晚上10点是图书馆网站访问的高峰期,这段时间老师教学、学生查找资料都需要用到图书馆网站上的电子资源。一年中,学生写毕业论文的时期是访问图书馆网站的高峰期。

2. 访问内容分析

一般来说,访问图书馆网站的用户浏览最多的栏目是"电子资源",在此栏目中访问"中国期刊网"等文献数据库的用户数又是最多的。

(二)负载均衡技术

在系统运行时,Web服务器往往要支撑大量密集的用户点击和对动态内容的需求,所以即使再高档的服务器设备,面对不断增加的用户,单位时间内所支持的访问量也会有一个限度,尤其是对于动态内容较多的情况,因为动态内容的应用需要频繁地调用数据库的数据和应用程序,会占用大量的服务器资源。这时就需要在多个服务器设备之间或多个站点之间分散服务器的负载。

负载均衡建立在现有网络结构之上,它提供了一种廉价、有效的方法扩展服务器带宽和增加吞吐量,加强网络数据处理能力,提高网络的灵活性和可用性。它主要完成以下任务:解决网络拥塞问题,服务就近提供,实现地理位置无关性;为用户提供更好的访问质量;提高服务器响应速度;提高服务器及其他资源的利用效率;避免了网络关键部位出现单点失效。

1.DNS 负载均衡

最早的负载均衡技术是通过 DNS 来实现的,在 DNS 中为多个地址配置同一个名字,因而查询这个名字的客户机将得到其中一个地址,从而使得不同的客户访问不同的服务器,达到负载均衡的目的。

DNS 负载均衡是一种简单而有效的方法,但是它不能区分服务器的差异,也不能反映服务器的当前运行状态。当使用 DNS 负载均衡的时候,必须尽量保证不同的客户计算机能均匀获得不同的地址。由于 DNS 数据具备刷新时间标志,一旦超过这个时间限制,其他 DNS 服务器就需要和这个服务器交互,以重新获得地址数据,就有可能获得不同 IP 地址。因此,为了使地址能随机分配,就应使刷新时间尽量短,不同地方的 DNS 服务器能更新对应的地址,达到随机获得地址,然而将过期时间设置得过短,会使 DNS 流量大增,从而造成额外的网络问题。DNS 负载均衡的另一个问题是,一旦某个服务器出现故障,即使及时修改了 DNS 设置,还是要等待足够的刷新时间才能发挥作用,在此期间,保存了故障服务器地址的客户计算机将不能正常访问服务器。

总的来说,基于 DNS 结构的实现机制可以明显减轻服务器的瓶颈效应,可伸缩能力得到加强,服务器环境可从局域网扩展到广域网。但是,单纯基于 DNS 策略的服务器只适合于小规模的同构型服务器集群,不适用于异构型的服务器结构。尽管存在多种问题,但它还是一种非常有效的做法。

2.反向代理负载均衡

使用代理服务器可以将请求转发给内部的 Web 服务器,让代理服务器将请求均匀地转发给多台内部 Web 服务器之一,从而达到负载均衡的目的。这种代理方式与普通的代理方式有所不同,普通代理方式是客户使用代理服务器访问多个外部 Web 服务器,而这种代理方式是多个客户使用它访问内部 Web 服务器,因此也被称为反向代理模式。

使用反向代理的好处是,可以将负载均衡和代理服务器的高速缓存技术结合在一起,提供有益的性能。然而,它也存在一些问题,代理服务器本身虽然可以达到很高效率,但是针对每一次代理,代理服务器就必须维护两个连接,一个对外的连接,一个对内的连接,因此对于特别高的连接请求,代理服务器的负载也就非常之大。反向代理方式下能应用优化的负载均衡策略,每次访问空闲的内部服务器来提供服务。但是随着并发连接数量的增加,代理服务器本身的负载也变得非常大,最后反向代理服务器本身会成为服务的瓶颈。

3.群集系统

群集技术是一项高性能计算技术。它是将一组相互独立的计算机通过高速的通信网络而组成的一个单一的计算机系统，并以单一系统的模式加以管理。其出发点是提供高可靠性、可扩充性和抗灾难性。

一个服务器群集包含多台拥有共享数据存储空间的服务器，各服务器之间通过内部局域网进行相互通信，当其中一台服务器发生故障时，它所运行的应用程序将由其他的服务器自动接管。在大多数情况下，群集中所有的计算机都拥有一个共同的名称，群集系统内任意一台服务器都可以被所有的网络用户所使用。

服务器的群集可以提供相当高性能的不停机服务：每一台服务器都可承担部分处理任务，并且由于群集了多台服务器的性能，因此，整体系统的处理能力将有所提高同时，每台服务器还能承担一定的容错任务，当其中某台服务器出现故障时，系统可以在专用软件的支持下将这台服务器与系统隔离，并通过各服务器之间的负载转移机制实现新的负载均衡，同时向系统管理员发出报警信号。

群集系统通过功能整合和故障过渡技术实现系统的高可用性和高可靠性，提供了适用于大规模关键任务的应用解决方案，这类解决方案虽然性能不错，但成本很高。

图书馆网络是整个图书馆业务管理、信息处理和读者服务的中心，因此，选择一种网络负载均衡系统，以提高整体网络性能、服务质量和服务水平是十分必要的。

五、网络安全技术

（一）图书馆网络安全技术简介

网络所带来的诸多不安全因素，使得网络管理员必须采取相应的网络安全技术来堵塞安全漏洞和提供安全的通信服务。网络安全的基本技术主要包括信息加密技术、计算机网络病毒防治技术、防火墙技术、身份认证技术、入侵检测技术等。

1. 信息加密技术

信息加密技术是网络方面用得较多的一种安全技术。一个加密网络，不但可以防止非授权用户的搭线窃听和入网，而且也是对付恶意软件的有效方法之一。

信息加密的目的是保护网内的数据、文件、口令和控制信息不被泄漏、篡改和破坏，保护网上传输的数据不被分析。它不需要特殊的网络拓扑结构的支持，对网络性能影响较小。使用密码技术进行数据通信，其过程就是取得原始信息并用收、发方共同约定的一种特殊编码变换成密文进行传送。网络加密常用的方法有链路加密、端到端加密和节点加密三种。其中，链路加密的目的是保护网络节点之间的链路信息安全；端到端加密的目的是对源端用户到目的端用户的数据提供保护；节点加密的目的是对源节点到目的节点之间的传输链路提供保护。用户可根据网络情况酌情选择上述加密方式。

2. 计算机网络病毒防治技术

计算机网络病毒防治技术包括预防病毒、检测病毒和消除病毒技术。

(1) 预防病毒技术。它是通过自身常驻系统内存,优先获得系统的控制权,监视和判断系统中是否有病毒存在,进而阻止计算机病毒进入计算机系统和对系统进行破坏。技术手段包括加密可执行程序、引导区保护、系统监控与读写控制等。

(2) 检测病毒技术。它是通过对计算机病毒的特征来进行判断的侦测技术,如自身校验、关键字、文件长度的变化等。病毒检测一直是病毒防护的支柱,然而随着病毒的数目和可能切入点的大量增加,识别古怪代码串的进程变得越来越复杂,而且容易产生错误和疏忽。因此,最新的病毒防治技术应将病毒检测、多层数据保护和集中式管理等多种功能集成起来,形成多层次防御体系,既具有稳健的病毒检测功能,又具有客户机/服务器数据保护能力。

(3) 消除病毒技术。它是一种通过对计算机病毒的分析,开发出具有杀除病毒程序并恢复原文件的技术。大量的病毒存在于信息共享的网络介质上,针对网上资源和应用程序进行攻击,因而要在网关上设防,在网络入口实时杀毒。对于内部病毒,如客户机感染病毒,通过服务器防病毒功能,在病毒从客户机向服务器转移的过程中杀掉,把病毒感染的区域限制在最小范围内。

网络病毒防治技术的具体实现方法包括对网络服务器中的文件进行频繁的扫描和监测,工作站上采用防病毒芯片和对网络目录及文件设置访问权限等。防病毒必须从网络整体考虑,从方便管理人员的工作着手,通过网络环境管理网络上的所有机器,如利用网络唤醒功能,在夜间对全馆上网的客户机进行扫描,检查病毒情况;利用在线报警功能,只要网络上有一台机器出现故障或遭病毒侵入,网络管理人员都能及时知道,并制定相应的对策。

3. 防火墙技术

作为加强网络间访问控制的网络互联设备,防火墙是在内部网与外部网之间实施安全防范的系统。它能安全限制被保护的网络与互联网之间,或与其他网络之间进行的信息传递,能根据所需的安全策略控制出入网络的信息流,本身具有较强的抗攻击能力。

防火墙是一种基于网络边界的被动安全技术,适合于内部网络相对独立且与外部网络的互联途径有限、网络服务种类相对集中的网络。防火墙的实现技术主要包括数据包过滤、应用网关和代理服务技术。

(1) 数据包过滤技术。数据包过滤技术根据系统事先设定的过滤逻辑,检查数据流中每个数据包,根据数据包的源地址、目的地址、所用的 TCP 端口与 TCP 链路状态等实施有选择的通过。这种防火墙安全性非常好,对于用户来说是透明的,速度快,易于维护,通常用作第一道防线。但数据包过滤型防火墙也有自身缺点,如:缺乏记账功能,不能从访问记录中发现黑客的数据记录;配置烦琐,不能在用户级实现过滤,等等。

（2）应用网关技术。应用网关技术利用网络应用服务协议分析过滤数据包,并形成相关的报告。应用网关一般运行在专门工作站上,对易登录、控制的网络系统实施严格监控,确保网络安全。

（3）代理服务技术。代理服务技术通常由单独的计算机和专用应用程序承担。与数据包过滤技术和应用网关技术不同,代理服务技术在内部网与外部网间不存在直接连接,仅实现防火墙内外计算机系统的隔离,同时,代理服务技术可实现较强的数据流监控、过滤、日志和审计等服务。利用防火墙技术可以解决网络的安全问题,但是防火墙防外不防内,不能识别用户的身份、进行身份认证、授权管理等。

4.身份认证技术

身份认证是用户向系统出示自己身份证明、系统查核用户身份证明的过程。每个网络管理员都知道,保证网络安全的最普遍的做法是身份认证,没有通过身份认证的用户将无法访问网络资源。身份认证是每一个系统保护自身安全最基本的措施。

（1）数字签名。数字签名,即基于公共密钥的身份验证。公共密钥的加密机制虽提供了良好的保密性,但难以鉴别发送者,即任何得到公共密钥的人都可以生成和发送报文,数字签名机制则在此基础上提供了一种鉴别方法,以解决伪造、抵赖、冒充和篡改等问题。数字签名一般采用不对称加密技术,通过对整个明文进行某种变换,得到一个值,作为核实签名。接收者使用发送者的公共密钥对签名进行解密运算,如其结果为明文,则签名有效,证明对方的身份是真实的。

（2）Kerberos 系统。Kerberos 系统,即基于 DCE/Kerberos 的身份验证。它的安全机制在于首先对发出请求的用户进行身份验证,确认其是否是合法的用户,如是合法的用户,再审核该用户是否有权对他所请求的服务或主机进行访问。从加密算法上来讲,其身份验证是建立在对称加密的基础上的。

5.入侵检测技术

入侵检测技术作为一种积极主动的安全防护技术,是防火墙技术的合理补充,帮助系统对付网络攻击,扩展了系统管理员的安全管理能力,提高了信息安全基础结构的完整性。它从计算机网络系统中的若干关键点收集信息,并分析这些信息,看网络中是否有违反安全策略的行为和遭到袭击的迹象,从而提供对内部攻击、外部攻击和误操作的实时保护,在网络系统受到危害之前拦截和响应入侵。从网络安全立体纵深、多层次防御的角度出发,入侵检测理应受到网络管理员的高度重视。

(二)数据安全防护——数据备份

对于图书馆来说,数据是最重要的资产。相对价格昂贵的计算机硬件系统、网络设备和应用软件,实际上更重要的是数据。建立网络最根本的用途是要更加方便地传递与使用数据,但人为错误、硬盘损坏、电脑病毒、断电或是天灾人祸等都有可能造成数据的丢失。备份数据的目的是迅速有效地恢复由于各种原因而丢失的数据。图书馆常用的数据备份策略有:

1.磁盘备份

磁盘备份是利用磁盘进行数据保护的一种基本方法。磁盘备份的优点:一是以磁盘速度进行快速的备份。磁盘驱动器在读写速度方面比绝大多数磁带驱动器具有优势。另外,与磁带库不同,磁盘存储设备没有加载或定位延迟。二是可以同时操作备份、恢复和复制。由于磁盘是一种随机存取介质,因此,它可以支持同时进行的备份和恢复操作。但系统管理员应当注意磁盘存储设备,查看它可以同时处理多少个操作,避免性能下降到无法接受的程度,因为多种操作很容易让磁盘存储设备超载。如果图书馆要备份的某一部分数据不需长期存储且磁盘充足,将该数据简单地备份到磁盘是一种比较好的备份策略。

2.合成备份

合成备份可以由以前完成的传统完全备份以及后来所做的增量或差量备份组合而成,目的是通过现有备份(全备份、增量备份)数据创建一个最新时完全备份映像。这种备份几乎等同于在最新的增量或差量备份的同时执行完全备份,而不需要从相应的客户端获取任何数据(不会对客户端或局域网造成影响)。当图书馆的数据经常执行增量备份,而整个数据集太大不能有效进行频繁完全备份时,这种方法就非常有用。

合成备份的优点是:第一,合成备份的创建采用现有备份数据,不会影响原始 CPU 或磁盘卷资源;第二,由于数据不从 CPU 或磁盘卷转移,因此合成备份不会影响网络使用;第三,该技术可以减少备份时间。

3.映像备份

映像备份与传统备份相同,它将数据作为裸磁盘块(而不是单个文件)的集合进行传输。执行映像备份的主要原因是:避免特定文件反复要求备份操作和文件系统占用了多个 CPU 周期和系统资源,因为这是传统的基于文件备份的作业方式,而映像备份则会首先创建卷的静态映像,然后开始备份(例如快照 Snapshot)。随后,它将开始传输原文件系统数据,并在指定的块编号终止(如将 0~10000 块的内容传输到一个指定的备份设备上)。在备份过程中发生变化的数据可以存储在高速缓存中,这样映像备份便可以始终备份原始数据。这种传输方法的效率可让映像备份传输的数据量接近磁盘子系统的最大吞吐能力。

映像备份的优点是：如果图书馆的数据库中被保护的文件系统带有许多小文件，或者少量非常大的文件，而其中只有很小比例的大型文件发生变化，则映像备份比较适合。

4. 脱离主机备份

这种备份采用各种技术将备份操作转移到其他客户端和主机上，该功能的目的是将备份的影响从主机转移到其他设备或服务器上。这种备份方法需要先进技术和特殊设备，因此进行这种备份的成本很高，但这种备份方法对于不能容忍备份对其主机系统或局域网有任何影响的图书馆具有很大的好处。

5. 虚拟备份

虚拟备份是基于卷的快照技术加上备份恢复技术的一种混合技术。快照技术是按块级捕捉线卷变化的一种方法，也称为"即写即复制"快照，成本较低。可将该技术用作在磁盘上执行短期增量备份（快照）的方法。当时间不是非常关键时，这些快照可以备份到磁盘或磁带，作为次级备份操作。

第四节 个性化信息服务技术

一、个性化信息服务的模式简介

所谓个性化信息服务，是指以用户为中心，能够满足用户的个体信息和特定任务需求的一种服务。其基本功能和特点是：根据用户提出的明确要求提供信息服务，同时提高效率；通过对用户个性、使用习惯的分析，主动向用户提供可能需要的服务；帮助个体培养个性，发现个性，引导需求，促进社会的多样性和多元化发展；为用户提供表现自我、表达自我、展现自我的平台。

个性化服务是指针对不同的用户或顾客提供不同的服务形式和服务内容。所谓个性化，系指针对性（即重视服务的对象个体）和特色服务（即"人无我有"）。从信息检索服务系统的研究和应用来看，个性化信息服务模式包括以下三种：

（一）个性化定制服务模式

个性化定制服务模式是指根据用户的主动需求以定制的方式来予以满足的信息服务方式。按照定制的形式和要求，该模式可划分为个性化界面定制和个性化内容主题定制两种。

个性化界面定制是指针对用户访问、浏览界面的颜色、字体、栏目设置等方面进行的定制服务，主要方法是通过开发各种界面模板以供用户选择。个性化内容主题定制是根据用户对信息内容主题的明确要求，通过相关内容的收集和整合，以电子邮件或频道推送的方式及时或定期提供给需要信息服务的用户，可以做到低成本、快速度、与用户双向互动。

（二）特色增值服务模式

特色增值服务是指由信息服务商或专业数据库建设者根据自身信息资源库的特点以及用户的需要而开发的一些附属于其信息产品的特色功能，即除了检索、下载等基本功能外，还以个人用户为中心，提供信息通告（如定题通告、目次通告、引文通告以及数据库更新通告等）、个人存储（包括检索结果存储、检索策略存储和常用出版物存储）等服务。

（三）个性化推荐服务模式

个性化推荐服务是指信息检索或网站系统根据其所发现的用户偏好，以推荐的方式动态地为用户提供观看的内容或浏览建议，简而言之，即向用户提供一对一的服务和指导。作为个性化服务的高级阶段，个性化推荐系统具有主动性学习能力，通过概括和分析用户的行为，自动地实现某种程度的个性化反馈。其最直接的实现方式就是当用户上网浏览、检索访问时，由系统自动地向用户推荐相关的内容或用户可能感兴趣的页面，主动为用户导航。这种推荐或导航一般应在服务器终端实现，理论上也可在代理端和客户浏览端实现。

二、个性化信息推荐机制

个性化信息推荐机制主要有基于规则的推荐、信息过滤和信息分流。其中，信息过滤又具体分为基于内容过滤、协同过滤和混合过滤。下面，从实现的角度分析这几种推荐机制：

（一）基于规则的推荐

基于规则的推荐是指根据事先生成的规则向用户推荐信息的方式，比如事先生成的适合于某用户的购买规则是"如果购买了牛奶，就会同时购买面包"，那么当用户再次浏览牛奶相关的商品时，网站可以同时向用户推荐与面包相关的信息。基于规则的推荐方式较多地应用于电子商务网站，根据用户浏览和购买的日志生成规则，向用户推荐感兴趣的商品。基于规则的推荐的优点是简单、直接；缺点是规则质量很难保证，而且不能动态更新。此外，随着规则的数量增多，系统将变得越来越难以管理。

(二)信息过滤

1.基于内容过滤的推荐

这是利用信息资源与用户之间的相似性来过滤信息,使用同一特征空间来表示用户兴趣和所有信息资源,把符合用户兴趣的新的资源推荐给用户。由于基于内容的推荐需要进行匹配计算,因而较多地应用于可计算的文本领域,如浏览页面的推荐、新闻组中的新闻推荐等。其优点是简单有效;缺点是难以区分资源内容的品质和风格,而且不能为用户发现新的感兴趣的资源,只能发现与用户已有兴趣相似的资源。

2.基于协同过滤的推荐

基于协同过滤的推荐是迄今为止最成功的个性化推荐技术,被应用到很多领域。它利用用户之间的兴趣相似性来过滤信息,把和用户兴趣相似的其他用户的意见提供给特定用户,其关键问题是聚类分析。

聚类分析是对数据对象进行分类,把一组数据对象分到不同簇中,簇是一组数据对象的集合,使簇内各对象间具有较高的相似度,而不同组的对象差别较大。聚类分析也称群分析、点群分析,是研究分类的一种多元统计方法,是构建个性化信息系统的关键技术。目前,具有代表性的聚类算法有:K-means 聚类算法、矩阵聚类算法、类层次结构算法、基于知识时间性的推荐算法等;主要的聚类方法包括:划分方法、层次方法、基于密度的方法、基于网格的方法及基于模型的方法等。

(1)划分方法:是给定要构建的划分的数目,首先创建一个初始划分,然后采用一种迭代的复位技术,尝试通过对象在划分间移动来改进划分。一个好的划分的准则是:在同一类中的对象之间尽可能"接近"或相关,而不同类中的对象之间尽可能"远离"或不同。为了达到全局最优,基于划分的聚类穷举了所有可能的划分。

(2)层次方法:是对给定的数据对象集合进行层次的分解。层次方法有两种分解形式——凝聚和分裂。凝聚方法也称为自下向上的方法,初始将每个对象作为单独的一个组,然后相继地合并相近对象或组,直到所有的组合并为一个层次的最顶层,或者达到一个中止条件。分裂方法也称为自顶向下法,初始将所有的对象置于一个组中,在迭代的过程中,一个组被分裂为更小的组,直到最终每个对象在单独的一个组中,或者达到一个中止条件。

(3)基于密度的方法:基于距离的聚类方法只能发现球状的簇,而在发现任意形状的簇上遇到了困难,为此提出了基于密度的聚类。其中心思想是:只要临近区域的密度(对象或数据点的数目)超过某个阈值就继续聚类。也就是说,对类中的每个数据点在一个给定范围的区域中必须至少包含某个数目的点。这种方法可以用来过滤噪声数据,发现任意形状的簇。

（4）基于网格的方法：是把对象空间量化为有限数目的单元，形成一个网格结构，所有的聚类操作都在这个网格结构上进行。

（5）基于模型的方法：是为每个簇假定了一个模型，寻找数据对给定模型的最佳拟合。一个基于模型的算法可以通过构造反映数据点空间分布的密度函数来定位聚类，也可以基于标准的统计数字自动决定聚类的数目。

协同过滤实质上是现实生活中经常采用的推荐方式，如两个兴趣相近的朋友相互推荐爱听的音乐、爱看的书等。协同过滤并不比较资源与用户模型的相似性，而是通过比较用户之间的相似性来推荐信息，因此无需考虑资源的表示形式，把用户对资源的评分向量作为用户兴趣的表示形式即可实现。由于协同过滤不依赖于待推荐资源的内容，因而不仅适于可计算的文本领域，还可以广泛应用于其他领域，如音乐、电影等。其优点是能为用户发现新的感兴趣的资源；缺点是要求用户对资源做出评价，而且在实践中存在两个很难解决的问题：一个是数据稀疏性，即用户评价过的资源相对于所有资源项来说是极其少的，在计算用户兴趣相似度时，许多用户对资源的评价没有交集，造成推荐质量不高；另一个是系统的可扩展性差，用户聚类算法的计算量随着用户和资源数目的增长呈非线性增加，所以，对于大数据量，协同过滤算法的可扩展性不甚理想，随着系统规模的扩大，它的效能逐渐降低。

3.基于混合过滤的推荐

基于混合过滤的推荐是指既通过比较资源与各个用户模型的相似度进行基于内容过滤的推荐，又通过相近兴趣的用户群进行协同过滤的一种推荐方式。由于混合推荐可以发挥两种推荐方法的优点，抵消两种推荐方法的缺点，因而具有更好的推荐性能。

（三）信息分流

信息分流是指在过滤系统为多个用户进行信息过滤服务时，将具有相同或相似信息需求的用户合理地组织在一起，使他们公共信息部分得到最大限度的体现，再依据这些需求，将信息进行分流，达到提高效率的目的。

上述推荐机制中，应用最广泛的是信息过滤，尤其混合过滤实现了基于内容的过滤和协同过滤的优势互补，越来越受到人们的重视。但是信息过滤技术比较注重于对单个用户的推荐效果，而缺乏从宏观上对如何提高整个推荐系统性能的考虑。信息分流机制是关系到整个系统效率的核心问题，但目前还没有得到充分的关注。

三、个性化推荐技术

个性化信息服务是指以个性化推荐技术为基础的信息服务，因此，其质量优劣取决于个性化推荐技术。推荐技术具有二维属性：自动化程度（用户得到推荐是否需要显示输入信息）和持久性程度（推荐机制是基于用户当前的单个会话还是基于用户的多个会话）。此外，个性化程度也是评价推荐技术的重要指标，它反映了推荐结果符合用户兴趣偏好的程度。目前，主要推荐技术包括以下几种：

（一）协同过滤推荐技术

协同过滤是一种通过已知用户群（或相关对象组）的兴趣或特征来预测新的未知用户（对象）的兴趣或特征的方法，即基于一组兴趣相同的用户进行推荐。它一般采用最近邻技术，利用用户的历史偏好信息计算用户之间的距离，然后利用目标用户的最近邻居用户对商品评价的加权评价值来预测目标用户对特定商品的偏好程度，系统根据这一偏好程度来对目标用户进行推荐。协同过滤基于这样的假设：为一用户找到他真正感兴趣的内容的好方法是首先找到与此用户有相似兴趣的其他用户，然后将其感兴趣的内容推荐给此用户。协同过滤推荐技术基于邻居用户的资料得到目标用户的推荐，推荐的个性化程度高。

协同过滤推荐主要有两类：①基于用户或邻居的协同过滤：用相似统计的方法获得具有相似兴趣爱好的邻居用户，根据对象访问的频率进行推荐反馈；②基于模型的协同过滤：先用历史数据得到一个模型，再根据此模型进行预测。基于模型的推荐技术包括神经网络等学习技术、潜在语义索引和贝叶斯网络，通过训练样本得到的模型来指导推荐反馈。目前，Web Watcher、Let's Browse、GroupLens、Like-Minds、SiteSeer 等相关协同过滤技术研究主要利用用户之间的相似性来实现信息过滤。

与基于内容的过滤方法相比，协同过滤具有以下优点：

（1）能过滤难以进行机器自动内容分析的信息，如艺术品、音乐等；

（2）共享他人经验，避免了内容分析的不完全和不精确，并且能基于一些复杂的、难以表述的概念（如信息质量、个人品位）进行过滤；

（3）能推荐新信息，可以发现内容上完全不相似的信息，用户对推荐信息的内容事先是预料不到的，即可以发现用户潜在的但自己尚未发现的兴趣偏好；

（4）能有效地使用其他相似用户的反馈信息，加快个性化学习的速度。

然而，协同过滤系统存在稀疏性、可扩展性和冷开始（即协同过滤初始时缺乏充足数据的支持），以及新用户和算法健壮性等问题。

（二）基于内容的推荐技术

基于内容的推荐是信息过滤技术的延续与发展，它是建立在项目的内容信息上做出推荐的，而不需要依据用户对项目的评价意见，更多地需要用机器学习的方法从关于内容的特征描述的事例中得到用户的兴趣资料。在基于内容的推荐系统中,项目或对象是通过相关特征的属性来定义,系统基于用户评价对象的特征,学习用户的兴趣,考察用户资料与待预测项目的相匹配程度。用户的资料模型取决于所用的学习方法,常用的有决策树、神经网络和基于向量的表示方法等。基于内容的用户资料是需要有用户的历史数据,用户资料模型可能随着用户的偏好改变而发生变化。项目或信息对象通过相关特征属性来定义,系统通过用户评价对象的特征来了解用户的兴趣,根据用户资料与待预测项目之间的匹配程度进行推荐,如 Personal Web Watcher、Syskill & Webert、Letizia、Cite Seer、SIFTER、Personalizer 等就是利用资源与用户兴趣的相似性来过滤信息。

基于内容的推荐技术的优点有:①不需要其他用户的数据,没有冷开始问题和稀疏问题。②能为具有特殊兴趣偏好的用户进行推荐。③能推荐新的或不是很流行的项目,没有新项目问题。④通过列出推荐项目的内容特征,可以解释为什么推荐那些项目。⑤已有比较好的技术,如关于分类学习方面的技术已相当成熟。

其缺点是要求内容能容易抽取成有意义的特征,特征内容有良好的结构性,并且用户的口味必须能用内容特征形式来表达,不能显性地得到其他用户的判断情况,即难以区分资源内容的品质和风格,只能发现与用户现有兴趣相似的资源。

(三) 基于 Ontology 的个性化信息服务系统

由于上述几种技术存在诸如稀疏性、计算量大以及冷开始、奇异性或新颖性发现(即推荐的东西应是用户不知道的或不熟悉的)以及"一词多义""一义多词"等而使基于关键词的特征向量表示的语义化程度不强等问题,而 Web SIFT、FAB、Anatagonomy、Dynamic Profiler 等基于内容过滤和协同过滤技术的组合策略,虽然可以克服各自的缺点,提高过滤的性能,但计算量偏多。因此,有人提出了基于 Ontology 的个性化信息服务系统。该系统的关键在于解决知识建模、用户建模和推荐反馈等问题。作为一个整体框架,Ontology 系统的用户包括普通信息访问用户、系统管理员以及领域专家或知识工作者三个角色。

除了一般的运行平台维护、账户管理任务外,系统管理员还可利用基于数据挖掘的规则引擎定期以后台运行方式生成面向个性化推荐的相关规则,如用户访问序列、用户聚类、用户以及用户访问关联规则等。这些规则存储于规则数据库或规则文档中,为开展用户推荐提供支持和调用。Ontology 在该系统中处于核心地位,其作用主要在于:①基于 Ontology 的知识建模和文档映射,即文档资源的语义化表达过程;②Ontology 作为一个中间逻辑层存在于用户和文档集之间,进行用户提问导航和查询规划;③Ontology 中的规范化概念和术语被抽取出来构造用户的兴趣偏好向量,有助于消除基于关键词向量的用户兴趣描述所存在的语义不一致问题。

从用户角色和任务分配的角度来看,基于 Ontology 的个性化信息服务系统的主要处理流程包括知识建模与文档映像、用户查询与推荐反馈以及规则生成与存储维护三方面。具体而言,知识工作者以特定学科领域为背景,进行 Ontology 的构建、存储和维护,以描述领域内通用共享的概念术语及相互之间的关系。

知识建模和文档映射一般采用自下而上(从底层信息资源的采集和整理归纳开始)和自上而下(借助于领域专家和现有叙词表、分类体系等)两种策略,包括以下步骤:①确定本体覆盖的领域和范围;②考虑使用或扩充现存的本体资源;③列出相关的重要词语;④确定类目和类目的层次关系;⑤确定类的属性;⑥确定对属性值的描述;⑦创建实例;⑧检查一致性等。

Ontology 建模完成后,需要对文档资源的语义化进行标注,其实质就是对文档信息资源的语义化表达。目前,国内外对基于关系数据库的结构化信息资源的语义表达大多借助于 Ontology 实现异构字段的语义一致性,如 TAMBIS、IT-TALKS 等,而对非结构化的文本文档或网页信息内容的语义化处理则通过 Ontology 概念抽取生成语义特征向量的方式进行。Ontology 作为一个中间逻辑层存在于用户和文档集之间,进行用户提问导航和查询规划。用户可根据具体的信息需求来选择适合自己的检索反馈方式。

Ontology 查询系统的优点在于克服了传统检索方式中用户提问的随意性,通过基于 Ontology 的动态区域视图导航使用户的提问用语规范化、语义化,文档资源也以某种机制映射到 Ontology,这样可为用户兴趣描述和文档特征之间的语义一致性提供良好的保证。而且,系统可根据文档的效用评估来反馈信息资源,克服大部分推荐技术中存在的"冷开始"问题。随着系统使用的深入,通过用户访问数据的积累,可引入不同的推荐模式,如知识热点、文档资源排行、用户访问关联、用户群体协同过滤等,实现用户信息查询推荐方式的相关反馈,从而扩大用户查询和人机交互途径。

需要注意的是,对用户的推荐反馈必须依赖于推荐模型和相关的推荐规则,而且这些规则必须借助于数据分析或数据挖掘技术来发现和生成,其中包括分类规则、聚类规则、关联规则和向量特征规则等。规则以周期方式生成,并存于规则库中,以便信息查询和推荐反馈时提取和使用。理论上,用户访问规则可通过手工、数据分析工具或数据挖掘技术生成,由此而生成的关联规则、向量规则,因结构化较强、规模较大,故宜存于关系数据库,而其他类型的规则,则可存于 XML 文档。

(四)智能信息推拉技术

由于传统服务模式是单向式信息服务,需要搜索的信息量大,处理复杂,对网络的通信量和客户机的处理能力、存储能力要求很高,即使采用了推送技术,服务器推送的内容也只是一些原始信息,或是一些简单的分类信息,还需要由用户本人来完成分析数据、处理数据、辅助决策的任务。在人机对话系统中,如果机器能够主动地为用户工作,就会减轻用户的脑力和体力劳动。采用以"智能信息推拉"(IIPP)技术为代表的自动发现方法及技术成为提高信息服务系统主动服务能力的重要途径。

智能信息推拉技术就是应用人工智能、机器学习方法、知识功能的知识推理逻辑搜索方法、知识发现方法等技术将推送(Push,即推送信息)与拉取(Pull,即拉取信息)模式结合,使两者取长补短,优势互补。根据推拉结合顺序及结合方式的差异,可分为:①先推后拉式:即先由信息源及时推送公共信息,再由用户有针对性地拉取个性化信息;②先拉后推式:即用户拉取搜索所需信息,再根据兴趣有针对性地推送相关的其他信息;③推中有拉式:在信息推送过程中,允许用户随时中断、定格在所感兴趣的网页上,主动拉取所需信息;④拉中有推式:在用户拉取信息的过程中,根据用户输入的查询信息,信息源主动推送相关信息和最新信息。

IIPP 技术是当前数据库系统和其他信息系统为用户提供信息服务的一个发展方向。它可以提高网络和数据库的智能水平,从根本上解决推送和拉取技术应用过程中所遇到的难题,因而有助于用户在海量信息中高效、及时地获取最新信息,获得个性化信息服务。

思考与练习

1. 简述信息资源组织的协议与标准。
2. 数字存储的技术架构包括哪些?
3. 常用的网络技术有哪些?
4. 常用的个性化信息服务技术有哪些?

参考文献

一、著作类

[1] 程树英.中国图书情报学科发展研究[M].沈阳:东北大学出版社,2019.

[2] 金泽龙.信息情报与检索[M].广州:华南理工大学出版社,2008.

[3] 李鹤飞,李宏坤,袁素娟,等.高校图书情报与档案信息管理[M].北京:经济日报出版社,2017.

[4] 卢小宾.信息分析导论[M].武汉:武汉大学出版社,2019.

[5] 孙建军.信息资源管理概论[M].南京:东南大学出版社,2008.

[6] 王细荣.图书情报工作手册[M].上海:上海交通大学出版社,2009.

[7] 王毅.信息检索[M].北京:北京邮电大学出版社,2020.

[8] 周晓英,宛玲.信息资源管理[M].北京:首都经济贸易大学出版社,2012.

二、期刊类

[1] 毕强.《情报理论与实践》回眸与前瞻[J].情报理论与实践,2014,37(12):14-16.

[2] 曾瑛.新形势下加强图书阅览服务工作的探讨[J].农业图书情报学刊,2004(9):67-68+71.

[3] 陈曼.近年来我国图书馆信息资源组织研究论文统计分析[J].科技情报开发与经济,2013,23(7):106-108.

[4] 程华.现代图书馆参考咨询服务评价工作解析[J].科技资讯,2021,19(1):211-213.

[5] 程萍.谈图书馆信息分析与预测[J].科技信息,2009(15):762+788.

[6] 崔芳,石建.Web 个性化信息服务关键技术的探讨[J].中华医学图书情报杂志,2009,18(3):55-57.

[7] 董妍.信息共享空间建设与图书馆服务创新[J].兰台世界,2014(14):78-79.

[8] 龚超,盛晓艳,华江峰.网格技术与信息资源存储和共享[J].电脑知识与技术(学术交流),2007(2):342-343.

[9]顾玲秀.新形势下图书收藏、流通、阅览一体化服务模式探讨[J].高等工程教育研究,2006(S1):56-57.

[10]贾靓.信息检索技术在高校图书馆中的应用分析[J].才智,2019(7):235.

[11]金愉.从知识到信息:图书情报学的本体论嬗变[J].兰台内外,2023(1):41-43.

[12]赖茂生.赖茂生谈数字化时代的图书馆[J].晋图学刊,2020(2):1-12.

[13]赖茂生.新时期新格局呼唤新战略——对我国科技情报事业发展战略的思考[J].情报理论与实践,2020,43(8):1-8.

[14]梁田丽.国家图书馆参考咨询服务发展现状与思考[J].河南图书馆学刊,2020,40(2):77-80.

[15]刘欣.信息分析技术在图书馆中的应用[J].技术与市场,2011,18(12):82+84.

[16]罗婷.信息存储和检索技术在科技信息资源建设中的应用[J].技术与市场,2020,27(10):86+88.

[17]马晓睿.图书情报工作与和谐文化建设研究[J].文化产业,2022(4):88-90.

[18]赛哼.虚拟参考咨询服务评价研究[J].化工管理,2021(6):39-40.

[19]施润泽.图书馆借阅信息分析系统[J].教育教学论坛,2019(46):6-9.

[20]孙秀娟.阅览架自动统计书刊取阅频次的设计与实现[J].广西民族师范学院学报,2015,32(3):141-144.

[21]唐莹.浅谈图书馆个性化信息服务技术创新[J].职业,2012(9):32-34.

[22]田子玉,郑德华,张岩,等.数字信息时代的图书馆图书情报工作创新策略[J].科技资讯,2022,20(22):236-239.

[23]王翠琴,闫文轩.信息时代图书馆期刊阅览工作初探[J].价值工程,2012,31(18):204-205.

[24]王良莹.海量信息资源存储与共享技术研究[J].信息系统工程,2011(11):129-131.

[25]魏晓峰.国内信息检索服务研究综述与对策分析[J].科教导刊(中旬刊),2019(35):37-39.

[26]魏鹰.基于图书馆信息系统的统一信息分析与实现[J].情报理论与实践,2010,33(8):121-124.

[27]吴兆文.图书馆学信息组织课程建设与发展研究[J].图书馆理论与实践,2020(4):76-80.

[28]徐俊婷.探讨现代信息检索对图书馆信息服务的影响[J].办公室业务,2019(22):91+103.

[29]杨威.网络信息资源组织技术研究[J].兰台世界,2006(23):48.

[30]杨志刚,郑禧溁,刘竟,等.图书情报学研究方法和理论的跨学科使用意愿联动效应研究[J].图书情报工作,2023,67(15):94-104.

[31]于晶.谈新形势下图书馆信息采集工作的变化及其对策[J].品位·经典,2019(12):54-55.

[32]张菁.如何提高图书阅览工作质量[J].智库时代,2018(32):205-206.

[33]张娟,邓菲.大数据环境下图书馆信息组织对策分析[J].四川图书馆学报,2019(06):11-14.

[34]张蓉.信息分析技术在图书馆中的应用与发展策略[J].统计与管理,2016(7):160-162.

[35]张淑琴.浅谈图书馆期刊阅览的人性化服务[J].民营科技,2013(11):107.

[36]张艳芳.基于数据挖掘技术的图书馆个性化信息服务刍议[J].农业图书情报学刊,2010,22(11):258-260+264.

[37]赵文娇.谈图书馆信息采集工作开展[J].戏剧之家,2016(7):240.

[38]赵小颖.数字参考咨询服务分析与评价[J].内蒙古科技与经济,2017(12):154-155.

[39]周尧.信息共享和云服务在图书馆中的现状及应用探析[J].科技创新导报,2019,16(28):255-256.

[40]邹立君,侯胜超.图书馆的信息价值链分析[J].图书馆学研究,2010(13):15-17+57.